KB268737

당신에게
남은 찬스가
많지않다

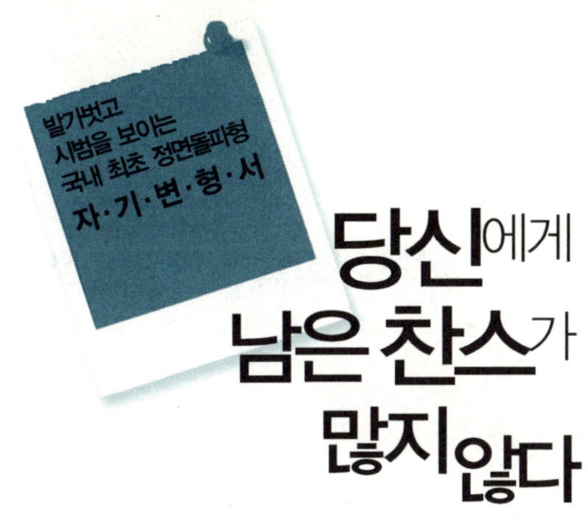

당신에게 남은 찬스가 많지 않다

| 송현 지음 |

한국경제신문

남은 기회를 잡으려면 **정면돌파**해야 한다

1

어느 산 속에서 축구 시합이 벌어졌다. 생쥐팀과 곤충팀이 결승전에서 격돌했다. 발 빠른 지네는 곤충팀이었는데 경기가 시작되어도 나타나지 않았다. 곤충팀은 지네가 빠진 채로 불리한 경기를 치를 수밖에 없었다. 전반전은 6:6으로 끝나고 후반전으로 들어갔다. 곤충팀은 사력을 다해 싸웠지만 9:10으로 지고 말았다.

그때까지도 지네는 경기장에 나타나지 않았다. 그러자 곤충팀이 지네가 살고 있는 동굴로 찾아가 말했다.

"야! 지네야, 우리 팀이 졌단 말이야. 너를 기다렸는데 왜 시합에 오지 않았니? 너만 왔더라면 우리가 지지 않았을 텐데."

지네가 대답했다.

"미안해, 아직 신발 끈을 다 매지 못했어."

지네는 그때까지 신발 끈을 매고 있었다.

당신은 언제까지 신발 끈을 매느라고 아까운 재능과 화려한 꿈을 푹푹 썩힐 참인가! 머지않아 경기가 끝나면 봄날은 다 가고 모란도 다 지고 말 것이다. 당신의 그 아까운 재능과 꿈을 펼칠 기회도 영영 오지 않는 것이다. 그때 당신은 '루저(loser)'가 되어 있을 것이다.

2

어떤 호수를 건너가는 목사가 있었다. 배를 타고 목적지로 가야만 했다. 잔잔한 호수였지만 때로는 물결이 거칠게 일었다. 간혹 폭풍우가 일어 삽시간에 배를 곤두박질 쳐 사람들을 모두 물속에 빠지게 하는 경우도 있었다.

늙은 사공이 노를 젓기 시작했다. 약 5분 쯤 지난 후 갑자기 무서운 폭풍이 호수를 온통 뒤흔들었다. 배가 마치 낙엽처럼 흔들리기 시작하자 사공이 말했다.

"목사님께서 날 좀 도와주셔야 합니다. 만일 여기서 살아나가고 싶으시면 노를 잡고 부지런히 저으십시오."

그러자 목사는 겁에 질린 얼굴로 노를 열심히 젓기 시작했다. 무척 힘든 일이었다. 둘이서 열심히 노를 저은 덕분에 배는 곧 폭풍의 눈 속으로 들어갔다. 잠시 후, 폭풍이 다시 거세지기 시작했다. 그러자 목사가 노를 내던지며 말했다.

"자! 이제 우리 기도를 합시다."

그러자 사공이 큰 소리로 말했다.

"안 돼요! 지금은 기도할 때가 아니라 노를 저어야 할 때입니다!"

우리 주위에는 기도하는 일이 급한지 노 젓는 일이 급한지 구별하지 못하는 이들이 의외로 많다. 제 분수에 맞게 목표를 정한 뒤 한눈 팔지 말고 부지런히 노부터 저어야 한다. 기진맥진할 때까지 노를 젓고 난 뒤에 기도해도 된다. 어쩌면 당신은 그동안 기도하느라고 아까운 세월을 너무 많이 보내지 않았는지 되돌아보기 바란다. 지금 당신은 기도할 때가 아니라 있는 힘을 다해 노를 저을 때이다.

3

신비주의자 자랄루딘 루미(J. Rumi)는 어느 날 제자들을 모아놓고 말했다.

"오늘은 다들 들판으로 나가자!"

제자들은 들판으로 나가는 일이 그리 마음 내키지 않았다. 제자들은 이렇게 생각했다.

'왜 들판까지 가야 한단 말인가? 할 말이 있으면 여기서 해도 될 텐데, 왜 힘들게 들판까지 나갈 게 뭐람!'

그러나 루미는 한사코 제자들을 들판으로 데리고 나가려고 이렇게 말했다.

"너희들은 나와 함께 들판으로 나가야 한다. 그렇지 않으면 이해하지 못할 것이다."

들판에는 한 농부가 몇 달 동안 우물을 파고 있었다. 그 농부는 한 곳을 10m쯤 파다가 물이 나오지 않으면 또 다른 곳을 팠다. 그렇게 해서 여덟 개의 구덩이를 팠으며, 지금은 아홉 번째 구덩이를 파고 있었다. 그러다보니 들판이 엉망이 되었다. 루미가 제자들에게 말했다.

"저 멍청이처럼 행동하지 말라. 만일 그가 자신의 에너지를 한 구덩이를 파는데 쏟았다면 물이 아무리 깊은 곳에 있다 해도 지금쯤 물을 찾았을 것이다. 그런데 그는 쓸데없이 에너지를 낭비하고 있다."

4

어느 날, 내 출판담당 매니저 윤장래 선생의 전화 목소리가 엄청 상기되어 있었다.

"선생님의 원고를 지금 유명출판사에서 긍정적으로 검토하고 있습니다."

"어느 출판사입니까?"

"〈마시멜로 이야기〉란 밀리언셀러를 출판한 대단한 곳입니다."

〈마시멜로 이야기〉란 책은 나 역시 익히 들은 책으로 250만 부나 팔렸다던데, 그 유명 출판사에서 내 원고를 긍정적으로 검토를 한다니, 그야말로 듣던 중 반가운 소리였다. 그 바람에 내 목소리도 상기되지 않을 수 없었다.

여러 날 뒤, 마침내 출판사 사장을 만나러 갔다. 김경태 사장과 박현 출판부장이 테이블 저쪽에 앉고, 이쪽에는 나와 윤장래 선생이 앉았다. 종이컵의 커피 한 모금을 마셨을 때 김 사장이 단도직입적으로 말했다.

"송 선생님, 죄송하지만 저는 원고를 아직 읽지 못했습니다. 어떤 내용인지 간단하게 설명해 줄 수 있습니까?"

나는 기분이 좀 언짢았다. 그러나 〈마시멜로 이야기〉란 밀리언셀러를 만든 대박 출판사에서 내 책을 내느냐 마느냐가 지금 눈앞에 앉아 있는 저 김 사장의 판단에 달려 있지 않은가! 하기야 답답한 놈이 샘을 파야 하는 법이다.

"한 꼭지를 소개하겠습니다. 총각 때 귀갓길에 좌석버스를 타고 보니 뜻밖에 제가 미녀 옆자리에 앉게 되었습니다. 힐끔힐끔 그녀를 훔쳐보면서 '이런 미녀는 난생 처음 보았고, 저 미녀와 차만 한 잔 마셔도 원도 한도 없겠다' 고 생각했습니다. 그러나 뭐라고 말을 건넬 용기가 없어 쭈뼛쭈뼛하다가 마침내 내가 내릴 정거장에 버스가 도착할 무렵.내가 차고 있던 시계를 풀어 그녀 손 위에 놓고는 '이번 일요일 오후 세 시 시청 앞에 있는 ×××다방으로 나오세요' 라고 하고는 후 닥닥 도망치듯이 뛰어내렸습니다. 버스가 떠나는 것을 보고 나는 안 도의 한숨을 내쉬었습니다."

이런 식으로 듣는 사람에게 숨 쉴 틈도 주지 않고 네 꼭지를 엄청 진지하게 설명했다. 내가 설명을 멈추자 김 사장은 참 재미있고, 삶의 순간순간마다 정면돌파하는 뚜렷한 주제가 아주 좋다면서 이렇게 물 었다.

"송 선생님의 그런 열정과 에너지는 어디서 나오는 것입니까?"

"사장님, 제 머릿속에는 두 가지 생각밖에 없습니다. 하나는 여자에 관한 생각이고 다른 하나는 일에 관한 생각입니다."

"하하. 지금 한 말이 농담입니까? 진담입니까?"

"제가 처음 뵙는 사장님 앞에서 농담할 이유도 없고, 농담할 군번도 아닙니다. 진담입니다! 그런데 오해의 소지를 줄이고 이해를 돕기 위 해 용어 하나를 바꾸겠습니다. '여자' 란 단어를 '사랑' 이란 말로 바꾸 겠습니다."

그러자 김 사장은 파안대소하였다.

<h1 style="text-align:center">5</h1>

어떤 교수가 바다 여행을 하고 있었다. 어느 날 밤 그는 갑판에 올라

늙은 선원에게 자신을 소개한 후 물었다.

"당신은 해양학을 압니까?"

늙은 선원이 모른다고 하자 교수는 놀라면서 말했다.

"쯧쯧, 당신은 인생의 사분의 일을 허비했소! 바다를 가로질러 가고 있는데 해양학이 무엇인지도 모르다니."

다음 날 밤 교수는 늙은 선원에게 물었다.

"당신은 기상학은 압니까?"

늙은 선원이 고개를 가로 흔들자 교수가 말했다.

"당신은 인생의 반을 허비했소!"

다음 날 밤 교수는 또 늙은 선원에게 물었다.

"당신은 천문학에 대해서는 압니까?"

"모르오."

"쯧쯧, 바다 한가운데를 항해하려면 별을 볼 줄 알아야 하는데 당신은 천문학에 대해 아무것도 모른단 말이오? 당신은 인생의 거의 다를 허비했소!"

다음 날 밤, 바다에 험한 폭풍이 일자 이번에는 늙은 선원이 교수에게 물었다.

"교수 양반, 당신은 헤엄칠 줄 알아요?"

교수가 대답했다.

"수영에 관한 책은 많이 읽었지만 정작 헤엄칠 줄은 몰라요."

늙은 선원이 말했다.

"쯧쯧, 참 안됐군요! 지금 배에 물이 새고 가라앉고 있습니다. 당신은 곧 물에 빠져 죽게 될 것입니다. 당신은 삶의 전부를 허비했구려, 나는 헤엄쳐 뭍으로 가야겠소. 그럼 안녕히!"

저 한심한 또라이 교수 말마따나 해양학도 좋고, 기상학도 좋고, 천문학도 좋다. 그러나 당신에게 해양학보다 더 중요한 것은 헤엄치는 것이다!

6

나는 부산 명지초등학교 2학년 때 통지표를 고쳤다가 어머니에게 종아리가 터지도록 맞고 쫓겨나 울타리 밑에서 촐촐 굶고 밤새 모기에 뜯기면서 울다 지쳐 잠이 들었다. 고등학교 때는 등산 다니는 동무들을 사귀어 이 산 저 산 돌아다니느라 전기 대학 입시에 낙방하고 후기 대학에 들어갔다. 입학하자마자 제일 먼저 한 일이 대학도서관에 있던 〈세계문예대사전〉에 '앞으로 내 이름이 이 자리에 올라가야 한다'고 중얼거리며 내 손으로 내 이름을 볼펜으로 적은 일이다.

그날 이후로 지금까지 여러 가지 분야를 공부하면서 딴에는 뒤를 돌아보지 않고 정신없이 살아왔다. 낮에는 학교에서 학생들 가르치고, 밤에는 시와 동시, 소설과 동화를 썼다. 31살의 젊은 나이에 공병우타자기주식회사 대표이사가 되었고, 박정희 독재 정권 때, 남들은 민주화 투쟁을 할 때 나는 한글기계화 글자판 통일을 위해 온몸으로 싸웠다.

　출퇴근길 버스에서 흘러나오는 유행가를 듣지 않으려고 버스만 타면 창밖의 간판과 도로표지판 글자를 10년 동안 쳐다보며 연구한 끝에 〈한글자형학〉을 출간하여 새로운 학문을 창시하고, KBS 라디오에 ‘송현 인생칼럼’을 연재하고, 케이블 TV(채널 23)에서 ‘영재교실’ MC를 맡고, 서울예술신학교 문창과 교수를 지내고, 경기대학교 사회교육원에 결혼정보관리사 과정을 개설해 주임교수가 되고, ‘여성중심의 사랑 이론’을 발표해 10만여 명의 팬이 생기고, 내 사랑과 삶을 KBS TV에서 5부작으로 방송을 하고, 정신세계의 유목민을 가르치는 무향자연학교와 한글기계화박물관을 건립하려고 동분서주하면서 약 60여 권의 책을 쓰는 등 그야말로 미친 듯이 살았다. 그 결과 연합뉴스 2007년판 〈한국인물사전〉에 이름이 올랐고, 요즘 모 신문사에 매일 출근을 한다.

　나는 30대 중반에 문학보다 내 삶이 더 소중하다는 것을 깨달았다. 그 뒤로 삶이 곧 시가 되고, 드라마가 되도록 온몸으로 치열하게 살기로 작정했다. 야구 투수는 직구도 던질 줄 알아야 하고 변화구도 던질 줄 알아야 한다. 때에 따라서는 변화구에 관중이 열광하기도 한다. 그러나 기본은 직구이다! 뭐니뭐니해도 투수는 직구를 잘 던져야 한다. 내 삶에서 나도 직구를 잘 던져야겠다고 결심했다. 내 삶의 직구가 바로 정면돌파이다.

끝으로 이 책을 멋지게 만들어준 한국경제신문 김경태 사장님과 박현 부장님, 출판매니저 윤장래 선생께 감사드리며, 이 책이 세상에 널리 소개되어 많은 사람들이 자신의 삶을 정면돌파하여 좋은 기회들을 놓치지 않기 바란다.

끝으로 이 책에 있는 고상하고 그럴 듯한 소리는 전부 나의 영적 스승에게서 배운 것들이고, 치졸하고 어수선한 소리는 모조리 내 소리임을 밝히지 않을 수 없다.

2010년 봄
대한민국 서울에서

용현

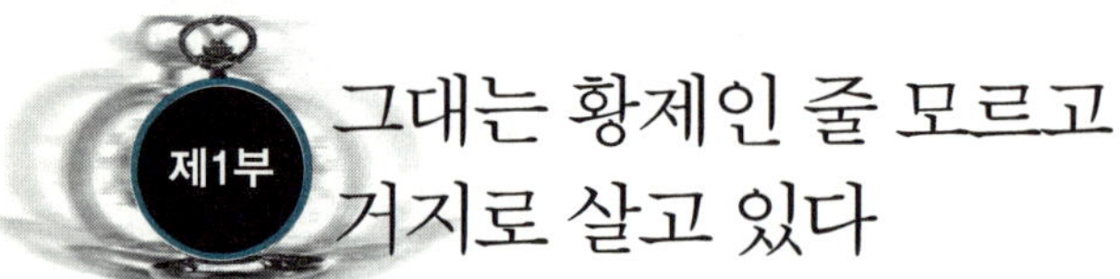

제1부 그대는 황제인 줄 모르고 거지로 살고 있다

제4부　그대가 감사할 줄 모르면 좋은 일이 일어나지 않는다

제5부　그대는 보석상이 되어야 한다

부록

제1부

그대는
황제인 줄 모르고
거지로 살고 있다

그대는 황제이다!

이 놀라운 사실을 모르고 지금까지 그대는 거지로 살아왔다. 태어날 때 인간은 누구나 위대하게 태어난다. 인간은 더 이상 보탤 것도 없고, 더 이상 향상시킬 것도 없다. 그런데 그대는 이날껏 자신의 내면을 한 번도 들여다보지 않고 과소평가하고 거지로 살아온 것이다.

그대는 황제이다!

알고 보면 그대는 내면에 일평생 넉넉하게 살 수 있는 보석이 가득 차 있는 황제이다. 그대는 그동안 잘못된 정치, 잘못된 교육, 잘못된 종교, 잘못된 사회에 세뇌되어 그대 자신을 정확하게 본 적이 없었던 것이다.

그대는 황제이다!

한마디로 그대는 자신에 대해 눈을 감고 살아왔다. 감고 있는 두 눈만 뜨면 그대는 거지가 아니라 황제임을 즉각 알게 된다. 지금까지 그대는 황제가 되기 위한 어떤 노력도 하지 않아도 된다. 다만 감고 있던 눈만 뜨면 된다.

그대는 황제이다!

인간의 모든 성장은 자각 혹은 각성을 통해 일어난다. 그대의 실존적 변화가 필요하지 않다. 그대의 실존은 예전과 똑같다. 다만 그대가 눈을 뜨는 순간, 즉 자각하는 순간 그대는 황제임을 발견하는 것이다. 그 순간 지금까지 살아온 거지는 사라지고 새로운 황제가 탄생한다.

그대는 황제이다!

그대가 눈을 뜬 후 내면의 주머니에 손만 넣으면 엄청난 보석들을 발견할 것이다. 그 순간 그대가 황제임을 다시 한 번 실감할 것이다. 그대는 예전에도 내면에 엄청난 보석이 있었고, 지금도 그 보석들이 있는 것이다.

그대는 황제이다!

그대가 해야 할 일은 노력이 아니라 각성이다! 단지 감고 있던 눈만 뜨기만 하면 된다. 분명한 것은 그대가 스스로를 증진시키기 위한 어떤 노력도 오히려 그대에게 혼란과 스트레스만 가져올 뿐이다. 자신을 발전시키려고 노력하면 할수록 그대는 점점 곤경과 혼란에 빠질 것이다. 왜냐하면 그딴 노력은 그대 본성을 거스르기 때문이다.

그녀에게 고백할
기회가 많지 않다

내가 부산에서 중학교 국어 교사를 하던 어느 날 시내에서 일을 마치고 귀가하기 위해 좌석버스를 탔을 때 빈자리가 하나 있었다. 그 자리에 앉으면서 창가에 앉은 사람을 보는 순간 내 눈을 의심하지 않을 수 없었다. 20대 후반의 긴 머리 아가씨였는데, 너무나 아름다웠다. 숨이 멎는 것 같았다. 그녀의 아름다움에 나는 전율했다. 그토록 몸서리치게 아름다운 여자는 처음 보았다.

마음을 가다듬고 옆모습을 찬찬히 쳐다보는데 온몸에 소름이 돋았다. 엄청 예쁜 내 자취방 주인집 딸 미옥이 누나도 저리 가라고, 우리 동네에서 제일 예쁜 내 여자 친구 귀순이도 저리 가라였다. 아니다.

그딴 수준이 아니다. 미스코리아도 저리 가고, 김지미도 저리 가고 엄
앵란도 저리 가라였다. 세상에 우째 이런 일이! 이것은 행운이라면 행
운이고 기적이라면 기적이 아닐 수 없다. 행운이라면 천운이고 기적
이라면 은총이지 싶었다.

　아무리 생각해봐도 오늘 내가 축복 받을 만한 좋은 일을 한 것은 하
나도 없다. 나라를 위해서도 민족을 위해서도 이웃을 위해서도 좋은
일 한 게 아무것도 없고, 다만 온종일 보수동 헌책방 골목에서 이집
저집 헌책을 뒤진 일밖에 한 일이 없다. 그런데도 내게 행운이 찾아온
것이다.

　내가 힐끗힐끗 쳐다보는 것을 의식한 그녀는 창밖으로 시선을 돌리
고 내 따위에는 아무런 관심도 없는 듯 도도했다. 그럴수록 그녀의 아
름다움은 신비했다.

　이렇게 아름다운 여자의 손을 잡거나, 키스를 하거나, 하룻밤을 함
께 보내는 일은 그야말로 그림의 떡이다. 나는 주제 파악을 제법 잘하
는 편이다. 그래서 그런지 부산의 사립 중학교에서 국어 교사를 하는
내 신세가 한없이 초라하게 느껴졌다. 저토록 아름다운 여자가 대학
교수도 아니고 고등학교도 아니고 중학교 국어 선생을 하는 문학청년
에게 관심을 가질 리가 없을 것 같았다. 내 생각이 여기까지 미치자
나는 갑작스럽게 비참해졌다.

　나는 야망을 꿈꾸지 않았다.

　'저 아름다운 미녀와 차만 한 잔 마실 수 있다면!'

이것이 내 간절한 소망이었다. 저 아름다운 여자의 손목을 잡아보지 않아도 좋다. 저 아름다운 여자와 입맞춤을 하지 않아도 좋다. 저 아름다운 여자와 하룻밤 만리장성을 쌓지 않아도 좋다. 다만 차만 한 잔 마실 수 있다면 원도 한도 없을 것이다.

그녀는 나 같은 미물은 안중에도 없고 계속해서 창밖만 바라보고 있었다. 버스는 부산진구 서면을 지나고 있었다. 이제 내가 내릴 정거장은 두 개밖에 남지 않았다. 나는 초조해지기 시작했다. 어떻게 작전을 짜야 좋을지 뾰족한 수가 떠오르지 않았다. 일단 말부터 걸어봐야 할 것 같았다.

"실례지만 어디까지 가십니까?"

아니다. 이런 촌스런 멘트로는 어림도 없다. 더 세련되고 고상하고 멋진 멘트를 날려야 한다. 그런데 아무리 내 머리를 쥐어짜고 흔들어도 좋은 멘트가 생각나지 않았다. 그렇다면 그녀가 내리면 무작정 따라 내려서 작업을 해본다? 아니다. 이것은 아주 구질구질한 낡은 수법이다. 사내가 여자 꽁무니를 따라가면서 수작을 거는 짓은 한없이 세련되지 못한 빛바랜 수법이다. 그러면 어떻게 한단 말인가? 나는 내 자신에게 짜증이 났다.

한 정거장이 남았다. 그녀는 자세나 표정 하나 흐트러지지 않고 계속 창밖만 바라보고 있었다. 나보다 더 멀리 가는 것이 분명했다. 그렇다면 이번 정거장에 버스가 멎으면 그녀를 포기하고 내리든지 계속 앉았다가 그녀가 내리면 따라 내려서 수작을 걸든지 택일해야 한다.

그런데 그녀를 따라 내려 수작을 거는 짓은 아무리 생각해도 촌스런 수법이었다.

그렇다면 길은 하나이다. 포기하고 이번에 내려야 한다! 하지만 내리는 순간 그녀는 나에게서 영원히 사라져버리고 말 것이다. 이름도 성도 모르고 집도 절도 모르는 미녀를 어느 세월에 어느 하늘 아래에서 다시 만날 수 있단 말인가. 마침내 버스가 정거장에 멈추었다. 궁즉통이랬다고, 그 순간 나는 재빨리 내 손목시계를 풀어 그녀의 손에 강제로 쥐어주면서 이렇게 말했다.

"이번 주 일요일 오후 세시에 시청 앞 XXX다방으로 나오세요!"

그렇게 말하고는 나는 잽싸게 의자에서 일어나 문쪽으로 후다닥 뛰어갔다. 그리고는 쫓기는 동물처럼 차에서 내렸다. 내가 내리자마자 버스는 금세 출발했다.

'휴우!'

나는 긴 한숨이 절로 새어나왔다. 안도의 한숨이었다. 나는 멀어져가는 버스의 뒷모습을 바라보면서 빙그레 미소를 지었다.

그날 자취방으로 돌아온 이후 나는 그녀 생각으로 아무 일도 손에 잡히지 않았다. 식음을 전폐!까지는 아니었지만 전폐에 근접했다. 입맛도 없고 밥맛도 없었다. 내 머릿속은 온통 '돌아오는 일요일 오후 세시에 그녀가 나올까? 나오지 않을까?' 라는 생각으로만 가득 찼다. 그녀 때문에 난데없이 나는 열병을 앓았다.

일요일이 되었다. 간밤을 뜬눈으로 새운 탓에 거울을 보니 눈이 휑

했다. 마치 심하게 앓다가 일어난 사람 같았다. 집에서 두시쯤에 나서면 약속 장소에는 세시에 충분히 도착할 수 있는데도 두시까지 집에 앉아 있을 수가 없었다. 옷을 차려 입고 외출 준비를 했다. 용두산공원에서 그녀가 나올 경우 어떤 멘트를 날려야 할 것인가를 궁리도 할 겸 일찌감치 집을 나섰다.

용두산공원에는 사람들이 많았다. 바다가 보이는 빈 벤치에 앉아 그녀가 나오지 않는다면 미련없이 돌아와야 하지만, 만약 나올 경우에 어떻게 하는 것이 좋을지에 대해 종합적으로 대책을 마련했다. 별별 멘트, 별별 궁리를 다했다.

이윽고 오후 3시 10분 전에 약속 장소에 도착했다. 다방에는 손님이 많지 않았다. 그녀도 보이지 않았다. 다시 한 번 다방 안을 둘러보았다. 역시 그녀는 보이지 않았다. 나는 구석 자리에 앉았다. 다방 카운터 뒷벽에 걸려 있는 시계는 3시 5분 전이었다. 그야말로 피가 마르는 것 같았다.

3시가 되었다. 내 몸의 피는 다 말랐고 이젠 숨도 제대로 쉴 수 없었다. 그동안 며칠 동안, 그리고 오늘 오전 내내 용두산공원에서 별별 상상, 별별 궁리를 다해서 짠 작전과 멘트가 하나도 생각나지 않았다. 내 머릿속은 완전히 진공 상태가 되어 일어설 기운도 없었다. 현기증이 나기 시작했다.

그때 다방 문이 열렸다. 마지막 실낱같은 희망으로 문을 쳐다보았다. 긴 머리 미녀가 노란 바바리코트를 입고 들어오고 있었다.

제1부 그대는 황제인줄 모르고 거지로 살고 있다

"칸트처럼 하면 좋은 기회 다 놓친다."

칸트는 매사에 치밀하고 정확한 철학자였다. 어떤 주제를 놓고 학구적으로 파고들어 끝장을 보고야마는 집념의 소유자였다. 이는 그에게 커다란 장점이었다. 한 여인이 칸트에게 청혼하자 칸트는 이렇게 말했다.

"좀 여유를 주시오. 결혼을 하면 행복해질 수 있는지 우선 생각해봐야겠어요. 그리고 내 스스로 합리적인 결정을 내릴 수 없다면 나는 한 발짝도 내디딜 수 없습니다."

칸트는 신중히 생각했다. 서재에 있는 수많은 책들 중에서 결혼에 관한 자료들을 찾아보았다. 어떤 책에는 결혼하는 것이 좋다고 쓰여 있고, 어떤 책에서는 결혼하지 말라고 충고했다. 선뜻 해답을 얻을 수 없었다.

그리하여 칸트는 결혼과 독신의 장단점에 대해 글로 적었는데, 한 권의 책이 될 정도의 분량이 되었다. 양쪽 다 장단점이 있으며 비중이 비슷했다. 그렇다면 결혼하는 것이 더 낫겠다고 생각하고 그녀 집으로 달려갔다. 초인종을 눌렀더니 늙은 할아버지가 나왔다. 그녀의 아버지였다. 칸트는 더듬더듬하면서 말했다.

"저는 저 아랫마을에 사는 임마누엘 칸트입니다. 전에 댁의 따님의 청혼을 받고 심사숙고한 끝에 그 청혼을 받아들이기로 결심했습니다. 오늘 이 사실을 따님에게 전하기 위해 왔습니다. 저는 댁의 따님과 결혼하고자 합니다!"

그러자 할아버지가 먼 산을 바라보면서 이렇게 말했다.

"우리 딸은 벌써 결혼해서 애가 셋이나 있소!"

칸트는 털레털레 걸어서 집으로 돌아왔다. 그 뒤 일생 동안 독신으로 살다가 죽었다.

인생 첫 정면돌파와
어머니의 회초리

부산 명지초등학교 2학년 땐가 성적통지표를 받는 날이었다. 담임선생님이 출석부 번호 순서대로 아이들을 호명했다. 먼저 호명 당한 애들은 콩닥거리는 가슴으로 교탁 앞으로 나가 두 손으로 통지표를 받아들고 제자리로 돌아와 옆 자리 동무가 못 보게 혼자서 통지표를 확인했다. 마침내 내 차례가 되었다.

"송현!"

"예에."

내 대답 소리는 평소보다 작았고, 어쩌면 모기소리보다 작았지 싶다. 나는 통지표를 안 봐도 내 성적이 좋을 리 없다는 것을 잘 알고 있었다. 아니나 다를까 통지표를 받아 펼쳐보니 '수'가 몇 개 되지 않아 걱정이 태산 같았다. 당연히 집에 가기가 싫어졌다. 그러나 집에 가지 않으면 갈 데가 없었다.

고무신을 질질 끌고 털레털레 집에 도착했다. 어른들은 다 밭에 일 나가고 아무도 없었다. 마루 끝에 앉았지만 마음이 영 편치 않았다. 배도 고팠으나 아무것도 먹고 싶지 않았다. 꾸역꾸역 먹을 기분이 아니었다. 저녁 때, 아버지와 어머니가 밭에서 돌아오셔서 통지표 보자면 어쩌나 하는 걱정 때문에 배고픈 줄도 몰랐다. 마루 귀퉁이에 고개를 처박고 쪼그리고 앉아 이 궁리, 저 궁리했다.

그때 좋은 생각이 떠올랐다. 어린 것이 간도 크게 통지표를 고치기로 한 것이다! 대단히 부끄럽지만 이것이 내 생애 최초의 '정면돌파'가 아닌가 싶다. 통지표를 고치려고 마음먹는 순간부터 가슴이 콩닥콩닥 뛰었다. 평소에 겁이 엄청 많은 내가 어쩌면 이런 간 큰 짓을 하려고 했는지 지금 생각해도 아찔하다.

나는 살금살금 아버지 책상으로 갔다. 아버지 책상은 여닫이식이었는데, 조심스레 서랍을 여니 잉크와 펜이 있었다. 펜에 잉크를 찍어 떨리는 손으로 통지표의 '수' 칸에 동그라미를 그렸다. 몇 개를 그렸는지 세지도 않고 계속 그리다가 아무래도 너무 많이 그린 것 같아 동그라미 그리기를 멈추었다. 내 통지표에는 갑자기 수가 엄청 많아졌고, 그 바람에 성적도 엄청 좋아졌다.

당시 통지표는 수우미양가를 펜으로 쓰는 방식이 아니라 미리 인쇄

된 수우미양가에 동그라미를 치는 방식이었다. 선생님은 붓두껍을 붉은 도장밥에 눌러 수우미양가에 동그랗게 표시를 했다. 그런데 나는 어리석게도 펜에다 파란 잉크를 찍어 동그라미를 그렸다. 이 얼마나 멍청한 짓인가! 거기다가 더 바보스런 짓은, 선생님이 붓두껍으로 찍은 것을 지울 생각조차 하지 않고 수 칸에 동그라미를 내 마음대로 그렸다는 점이다. 그럼에도 나는 매우 기분이 좋아졌다.

해질녘에 밭에서 어머니가 돌아오셨다. 어머니는 사립문에 들어서자마자 통지표를 받아왔느냐고 물었다. 나는 시침을 뚝 떼고, 자랑스럽게 통지표를 내밀었다. 어머니는 통지표를 받아 찬찬히 들여다보다가 갑자기 아무런 말도 없이 헛간으로 갔다. 나는 영문을 몰랐다. 잠시 뒤에 헛간에서 나오는 어머니의 손에는 회초리가 여러 개 들려 있었다.

나는 앞이 캄캄했다. 다짜고짜 내 팔을 낚아채고 어머니는 회초리로 사정없이 내 종아리를 때렸다.

"이놈의 자슥아! 대가리 소똥도 안 벗겨진 놈이 에미를 속여? 글 배워서 훌륭한 사람 되라고 학교에 보냈더니만, 크면 머시 되려고, 하라는 공부는 안 하고 에미를 속여?"

나는 어머니의 목소리가 그렇게 큰 줄 처음 알았고, 그렇게 무서운 어머니의 표정을 처음 보았다. 개 패듯이 패는 바람에 내 종아리는 금세 터졌고 철철 피가 흘렀다. 그래도 어머니는 계속 회초리를 놓지 않았다. 나는 두 손을 싹싹 비비며 다시는 안 그러겠으니 한번만 용서해

달라고 겁에 질려 빌었지만 어머니는 막무가내였다.

"이놈의 손아, 벌써부터 이 에미 속이는데, 니 같은 놈을 키우면 머 하겠노, 니 죽고 내 죽자!"

마침내 옆에서 발을 동동 구르며 이 광경을 지켜보고 있던 할머니가 나섰다. 치마폭으로 나를 감싸며 말했다.

"어멈아, 그만 해라! 귀한 손잔데, 아예 잡을 참이가!"

어머니는 종아리에 피가 철철 흐르는 나를 개 끌듯이 질질 끌고, 삽작(대문) 밖으로 쫓아내고, 뒤도 돌아보지 않고 삽작문을 걸었다. 할머니는 몇 번이나 며느리에게 봉변을 당하면서도 삽작문을 열었지만 어머니의 노여움이 풀리지 않아 끝내 나를 구하지 못했다. 나는 그날 저녁을 쫄쫄 굶고, 울타리 밑에 쪼그리고 앉아 모기에 뜯기면서 울다 지쳐 잠이 들었다.

어머니는 우리 형제들을 키울 때 회초리를 아끼지 않았다. 지금도 나는 그 회초리가 그립다. 그 무서운 회초리를 들었던 어머니 모습을 영원히 잊을 수 없다.

우리 어머니는 학교 문 앞에도 못 가봤다. 동네 부잣집 헛간에서 하던 야학에서 한글과 가감승제와 주산을 겨우겨우 배웠다. 내가 대학교를 졸업할 때까지 수많은 선생님들을 만났지만 우리 어머니처럼 무서운 회초리를 드는 선생을 보지 못했고, 우리 어머니처럼 위대한 스승도 만나지 못했다. 우리 어머니의 그 무서운 회초리가 없었다면 나처럼 멍청한 애는 아마 사람꼴이 되지 않았을 것이다.

누군가는 소중한 모든 것을 유치원에서 배웠다고 했는데, 나는 어머니에게서 다 배웠다. 그래서 나에게 가장 위대한 스승은 어머니가 아닐 수 없다. 지금 이 글을 쓰는 내 손등에 뜨거운 눈물 한 방울이 뚝 떨어진다. 

"가만히 있는 것보다 어설픈 시도라도 하는 것이 백번 낫다."

삶은 일종의 탐험이다. 탐험하다 보면 난관에 부딪쳐 길을 잃을 수도 있다. 길을 잃어버리는 것을 두려워하면 안 된다. 두려워하면 탐험을 계속할 수 없다. 길을 잃거나 난관에 봉착했을 때 겁에 질려 넋놓고 있지 말고 돌파구를 찾기 위해 끊임없이 무언가를 시도해야 한다. 물론 그 과정에서 실수를 할 수 있다. 지혜로운 사람은 실수를 통해 배우고, 실수를 통해서 배운 교훈으로 성장한다. 그러니 절대로 실수를 두려워하지 않아야 한다.

예컨대 집에 불이 나면 무조건 "불이야!"라고 소리를 질러야 한다. 집에 도둑이 들어와도 마찬가지로 겁에 질려 가만히 있지 말고 "도둑이야!"라고 소리를 질러야 한다. 그래야 지나가는 사람이나 옆집 사람이 도와준다.

우리는 어설픈 시도는 하지 않으려 한다. 실패가 두렵기 때문이다. 그러나 아무것도 하지 않는 것보다 시도하는 것이 백번 낫다! 아무것도 시도하지 않는 것은 모든 가능성을 애초부터 포기하는 행동이나 다름없기 때문이다.

〈세계문예대사전〉에
내 이름을 적어넣다

고등학교 때 나는 등산하는 동무들을 사귀어 이산 저산 돌아다니느라 학교 공부를 열심히 하지 않았다. 그 바람에 전기 대학 입시에 떨어져 할 수 없이 후기 대학에 들어갔다.

그 무렵에는 대학생들도 학교 뱃지를 달고 다녔다. 하지만 우리 학교 학생들은 대부분 뱃지를 달지 않았다. 일류대학생들은 당당하게 뱃지를 달고 다녔으나 이류, 삼류대학생들은 뱃지를 멀리했다. 당연히 열등감 때문이었다. 그러나 나는 내 주제를 인정하고 당당하게 뱃지를 달고 다녔다. 나는 이렇게 생각했다.

'뱃지를 달지 않는다고 해서 내 속에 있는 열등감이 사라지는 게 아

니다. 앞으로 사회에 나가 학교 졸업장으로 경쟁하는 일은 포기해야
한다. 그렇지만 이제부터라도 공부를 열심히 해서 실력을 쌓아, 내 속
에 있는 열등감을 없애야 한다. 열심히 공부해서 일류대학생들과 실
력으로 겨루는 수밖에 없다. 좋다, 어디 한 번 겨루어보자!'

두 주먹을 불끈 쥐었다. 그 순간 내게 새로운 희망이 생겼다.

1468년 포르투갈의 탐험가 디아스Bortolomeu Diaz는 아프리카 대륙 남
방을 탐험하고 돌아와 왕에게 보고를 하러 갔다. 왕이 물었다.

"그곳은 어떤 곳이던가?"

"폐하, 그곳은 폭풍이 심하고 격류가 흐르는 봉우리였습니다. 그래
서 이름을 '폭풍과 격류의 봉우리' 라고 지었습니다."

왕은 고개를 가로 저었다. 그러자 디아스가 다시 설명했다.

"폐하, 사실입니다. 그곳은 무서운 폭풍으로 바다는 사납게 울부짖
고, 파도는 배를 삼킬 듯이 거셉니다."

왕은 온화한 목소리로 천천히 말했다.

"잘 알겠네. 내가 그대의 말을 의심해서가 아니네. 그대가 말한 대
로 '폭풍과 격류의 봉우리' 라고 이름을 붙이면, 아무도 그곳으로 갈
사람은 없을 것이네. 그러니 내가 이름을 새로 지어 선포하겠네."

그리고 왕은 좌중을 향해 외쳤다.

"그곳을 '희망봉' 으로 하라!"

왕은 나이가 많았으며, 세상만사를 훤히 꿰뚫어보는 현인이었다.

희망봉이라는 이름으로 알려지자 그곳으로 가는 사람의 발길이 끊이
지 않았다.

희망봉!

참으로 멋지고 기막힌 이름이다. 나도 희망봉을 만들겠다는 각오를
다지고 대학도서관에 갔다. 그리고는 학원사에서 발행한 〈세계문예대
사전〉을 대출 받았다. 그 무렵 국문과 학생 중에는 문학지망생이 많았
고, 문단에 정식으로 등단해 시인이나 소설가란 면허증(?)을 따는 것
이 가장 큰 꿈이자 목표였다.

나는 문예사전을 책상 위에 펼쳐놓고 허겁지겁 'ㅅ' 항목을 찾았
다. 국문과 1학년 신입생인 내 이름이 거기 있을 리가 만무하다. 그렇
지만 나는 침착하게 'ㅅ' 항목을 찬찬히 훑어가면서 내 이름이 들어가
야 할 자리를 찾았다. 그리고는 혹시 누가 지켜보지 않나 주위를 휙
둘러보았다. 다행히 보는 사람이 아무도 없었다. 나는 볼펜으로 끼움
표를 하고, 거기에 내 이름을 써넣었다.

그 뒤 어느 날, 학생휴게실 게시판에 '제3회 대학문학상 작품 모집'
포스트가 붙어 있는 것을 발견했다. 모집 장르는 시, 소설, 수필, 평론
등이었고 상금도 만만치 않았다. 응모 기간도 충분했다. 포스터 앞에

서 한동안 발이 떨어지지 않았다. 마침내 이런 다짐을 했다.

'저 상은 반드시 내가 받아야 해. 세계문예대사전에 내 이름이 올라가는 일은 여러 해 뒤에 내가 닿아야 할 희망봉이야, 그 전초전으로 올해 당장 내가 닿아야 할 희망봉은 대학문학상이다!'

그날 온종일 내 머릿속에는 올해 닿아야 할 희망봉 생각뿐이었다. 저녁에 자취방에 돌아와 그 희망봉에 어떻게 도달할까 별별 궁리를 다했다. 새벽녘까지 머리를 짠 끝에 내린 결론은 크게 네 가지였다.

> 첫째 : 소설 부분에 응모할 것
> 둘째 : 당선소감을 미리 쓸 것
> 셋째 : 상금 용도를 미리 정할 것
> 넷째 : 작품 소재를 잘 정할 것

그날 밤 나는 소설을 한 줄도 쓰지 않았는데 당선소감부터 먼저 썼다. 그리고 상금을 받으면 어떻게 쓸 것인지에 대해 계획을 다 세웠다. 계획이 세워진 후 펜을 들고 정신없이 소설을 써내려가기 시작했다.

겨울방학 때 할아버지에게서 들은 이야기를 바탕으로 한 단편소설이었다. "할아버지가 쉰다섯 되던 핸가 꿈에 저승사자가 와서 앞으로 5년 뒤에 잡으러 오겠다는 말을 했지. 그 이후로 식음을 전폐하고 누워 5년 동안 시름시름 앓았지만 5년 뒤에 저승사자가 잡으러 오지 않았어. 그래서 여든까지 살았지." 이런 요지의 좀 황당한 이야기였다.

제목을 〈포기령〉이라고 정했다.

그렇게 해서 나는 대학문학상을 받았다. 내 계획대로 1차 희망봉에 닿은 것이다. 그 뒤, 시를 쓰는 선배와 친구들이 소설을 깔보는 경향이 있는 것을 알고, 나는 열을 많이 받았다. 그래서 이듬해에 시를 써서 상을 받는 것을 새로운 희망봉으로 정했다.

월남전을 소재로 한 '격전지'라는 시를 응모했다. 제4회 시 부문 대학문학상을 받았다. 한 학생이 시와 소설 부문의 상을 다 받은 일은 전무후무한 일이었다.

대학 졸업 후 부산에서 중학교 교사 노릇을 몇 해 하다가 1974년 서울로 올라왔다. 이듬해에 월간 〈시문학〉에 미당 서정주 선생 추천으로 정식으로 문단에 등단했다. 그러고 보니 대학 1학년 때 내 손으로 〈문예대사전〉에 이름을 올린 날로부터 10년이란 세월이 흐른 뒤에 마침내 나는 두 번째 희망봉에 닿은 것이다. 그래 그런지 나는 요즘도 희망봉이란 말만 들어도 가슴이 뛰고 벅차오른다.

"목표는 최대한 구체적으로 설정하라."

죽음을 눈앞에 둔 왕이 세 왕자를 불러놓고 활쏘기 시합을 벌여 제일 잘 쏘는 사람에게 왕위를 물려주겠다고 말했다. 첫 번째 왕자가 활을 들고 사선에 서서 활터 맞은편 산자락 아래에 있는 나무 위의 새를 겨냥했다. 그때 왕이 물었다.

"지금 네 눈에 무엇이 보이느냐?"

"앞산 능선과 아름다운 구름이 선명하게 보입니다."

말을 마친 첫째 왕자가 활을 쏘았다. 그러나 빗나갔다.

둘째 왕자가 사선에 서서 활시위를 잡아당기자 왕이 물었다.

"지금 네 눈에 무엇이 보이느냐?"

"새가 앉아 있는 나무가 또렷이 보입니다."

그러나 그 역시 빗나갔다.

셋째 왕자가 사선에 서서 활시위를 잡아당기자 왕이 물었다.

"지금 네 눈에 무엇이 보이느냐?"

"새의 앞가슴 밖에 보이지 않습니다."

셋째 왕자가 활을 쏘았다. 화살이 새의 앞가슴에 명중했다.

대학생이 학교도서관 장서에 함부로 자기 이름을 써넣은 것은 잘못이다! 그러나 그대가 명심해야 할 게 있다. 자기가 도달해야 할 목표를 구체적으로 설정하고 그것을 명문화해 자기자신과 굳은 약속을 하는 일이다. 실패하는 사람은 목표를 추상적으로 정하고 성공하는 사람은 목표를 구체적으로 정한다.

불가능해 보이는 것도
되게 하라

나는 아무래도 상경해야겠다고 결심했다. 나처럼 가슴 뜨겁고 꿈 많은 문학청년에게 부산이라는 항구도시는 불편한 점이 한두 가지가 아니었다. 내 딴에 아무리 좋은 작품을 써봤자 어디 발표할 지면이 있나, 누가 나를 알아주기를 하나! 그 무렵은 문단에 정식으로 등단하지 않으면 제 아무리 날고기는 사람이라도 빛을 볼 수 없었다.

나는 북쪽 하늘을 바라보면서 한숨을 쉰 적이 한두 번이 아니었다. 그러던 어느 날 서울에 사는 아는 분으로부터 서울 S고등학교에 국어교사 자리가 하나 비었다는 소문을 들었다.

그때 박정희 유신독재 반대 삭발을 한 지 두어 주일이 되었을까 할 무렵이다. 약 2cm 정도 자란 내 머리 때문에 영락없는 탈영병 같았다. 여러 날을 고민한 끝에 나는 탈영병 몰골을 하고 물어물어 서라벌고등학교를 찾아갔다. 정문 수위실 근무자가 탈영병 같은 내 몰골을 보고 신경을 바싹 곤두세웠다. 숫제 반말이었다.

"어디서 왔소?"

"부산에서 왔습니다."

"용무가 뭐요?"

"교장선생님 뵈러 왔습니다."

"교장선생님과 지금 만나기로 사전에 정확하게 약속이 되어 있소?"

"그렇지 않습니다."

수위아저씨가 손사래를 쳤다.

"긴한 의논을 드리러 왔습니다."

"잡상인들이 하도 많아서 사전에 시간을 정확하게 약속하지 않고는 교장실 출입을 할 수 없어요. 교장선생님을 뵐려면 어느 날 몇 시 몇 분까지 정확하게 약속을 해야 합니다."

"아, 그래요? 저는 그렇게 약속을 하지는 않았습니다."

"그럼 못 들어가요."

"교장선생님이 교장실에 계시기는 합니까?"

수위아저씨는 대답을 않고 고개를 끄덕였다. 내가 말했다.

"그럼, 됐습니다. 교장선생님이 퇴근하실 때까지 여기 앉아서 기다리겠습니다."

나는 수위실 앞 땅바닥에 털썩 주저앉았다. 그러자 수위의 눈이 휘둥그레졌다. 인상을 잔뜩 쓰고 나를 다시 한번 훑어보았다. 나는 아랑곳하지 않고 수위실 앞 땅바닥에 주저앉아 눈을 지그시 감았다. 그러구러 시간이 좀 지난 뒤에 수위가 말했다.

"여보, 젊은이!"

나는 대답을 않고 수위를 빤히 쳐다보았다. 그런데 그가 뜻밖의 말을 했다.

"올라가 보슈!"

교장실로 올라가 보라는 뜻으로 턱으로 말했다. 아마 내가 앉아 버티기를 하는 사이에 인터폰으로 교장실에 "부산에서 웬 젊은 놈이 교장선생님을 만나러 왔다기에 약속하지 않았다고 해서 들여보내지 않으니, 땅바닥에 주저앉아 교장선생님 퇴근할 때까지 기다리겠다고 버티고 있습니다"라고 보고를 한 모양이었다. 그리고 부산에서 왔다는 말에 교장은 무슨 뼈다귀인지 일단 한번 올려보내라고 한 것 같았다.

교장실로 들어서니 날카로운 눈매의 교장이 접대용 소파로 나를 안내했다. 탈영병 같은 몰골 때문인지 반기는 구석은 조금도 없었다. 그러나 내게는 이 면접이 내 진로를 결정짓고 운명을 좌우할 중요한 순간이 아닐 수 없었다.

교장은 내게 이것저것 좀 질문이라도 하면 좋겠는데 전혀 흥미가 없이 냉담했다. 그래서 하는 수 없이 내가 먼저 입을 열었다.

"교장선생님, 제 이름은 송현이고, 부산에서 중학교 국어 선생을 하고 있습니다. 이 학교에 국어 교사 자리가 비었다는 소문을 듣고 왔습니다.”

“…….”

“교장선생님, 저는 비록 일류대학은 못나왔지만 일류대학 졸업한 이들에게 지지 않으려고 제 딴에는 공부를 열심히 했습니다. 졸업장만 가지고 국어 선생을 뽑는다면 저는 할 말이 없습니다. 그러나 학생들에게 국어를 가르치는 면에서는 조금도 뒤지지 않을 자신이 있습니다.”

숨도 안 쉬고 대사 읊듯이 용건을 줄줄 말했지만 교장은 무슨 이런 희한한 물건이 있나 싶었던지 넌지시 나를 쳐다보기는 해도 아무 말도 하지 않았다. 나는 계속 말했다.

“제가 국어 선생으로서 실력이 있다는 증거를 가지고 왔습니다.”

교장선생님은 내 말이 하도 뚱딴지 같았던지 얼굴 표정 하나 변하지 않았다. 나는 되풀이해서 말했다.

“제가 국어 선생으로서 실력이 있다는 증거를 가지고 왔습니다!”

“뭐라구요?”

나는 그 순간 재빨리 보따리 하나를 차탁 위에 올려놓았다.

“이게 제 실력의 증거입니다!”

그제야 교장선생님의 눈이 휘둥그레지면서 말했다.

“그게 뭐요?”

“이건 제가 쓴 장편소설 원고입니다. 얼추 2,200매가 되는데 교장선생님께서는 바쁘실테니, 소설을 볼 줄 아는 사람에게 이 원고를 한

번 읽혀보면 제 실력이 얼마나 대단한가를 금세 알 것이라 생각합니다."

그때서야 교장은 내게 관심을 가지는 것 같았다.

"그래요? 그럼 고등학생을 가르쳐본 경험이 있어요?"

"없습니다. 저는 중학생밖에 가르쳐본 적이 없습니다. 제가 고등학교 다닐 때 공부한 이후로는 고교 국어책도 본 적이 없습니다."

"아니, 고등학생을 가르쳐본 적이 없다면서 어쩌면 그리도 자신이 만만해요?"

나는 이 순간이 마지막이라 생각했다. 이 절호의 찬스를 놓쳐서는 안 될 것이었다. 그리하여 나는 마지막 승부수를 던졌다.

"교장선생님, 손해보는 셈 치시고 저에게 한 시간만 학생들에게 수업할 기회를 주십시오. 제가 한 시간 수업을 하는 것을 보시고 마음에 들면 채용해주시고, 마음에 들지 않으면 고개만 가로 저으세요. 그러면 저는 아무 소리 않고 부산으로 돌아가겠습니다."

교장선생님은 날카로운 눈으로 나를 아래위로 훑었다. 그 순간 내 몸에 짜릿한 전류가 흘렀다.

다음 날 나는 고등학교 2학년 국어책과 분필을 들고 2학년 1반 교실로 들어갔다. 교실 뒤에는 이미 여러 명의 교사들이 서 있었다. 내가 교감을 따라 교실 앞문으로 들어서자 학생들이 놀라는 눈치였다. 교실 안이 웅성웅성거렸다. 나의 머리카락은 약 2cm가 될락말락했고 학생들의 머리카락은 약 4cm쯤 되지 싶었다. 나의 이상한 몰골에 학생들 중에는 키득키득 웃는 녀석들도 있었다. 교감 선생이 간단하게 나를 소개했다.

"이번 시간에는 부산에서 온 송선생이 수업을 할 것이다. 그럼 송선생, 수업 시작하시지요."

내가 교단에 올라서자 학생들은 내 몰골 때문에 더 키득거리고 웃었다. 나는 입을 굳게 다물고 교실 안이 조용해지기를 기다렸다. 이 한 시간 수업이 내 운명을 좌우한다고 생각하니 적잖이 긴장되고 엄청 떨렸다.

난생 처음으로 고등학교 2학년 수업을 했다. 어찌나 긴장했던지 마치는 종소리도 귀에 들리지 않을 정도였다. 정신없이 수업을 마치고 학생들의 인사를 받는둥 마는둥 하고 앞문으로 나왔다. 교장선생님이 어느 새 뒷문으로 먼저 나와서 복도에서 나를 기다리고 있었다.

"수고했습니다. 송 선생님!"

아니, 좀 전까지만 해도 거의 반말을 하던 교장의 말투가 완전히 달라졌다. 참 신기하게 여겨졌다.

"고맙습니다. 교장선생님"

"송 선생님을 저희 학교에 모시겠습니다. 부산의 일을 하루 빨리 정리하시고 서울로 오시기 바랍니다."

"고맙습니다. 교장선생님! 고맙습니다. 열심히 하겠습니다."

교장선생님이 손을 내밀면서 악수를 청했다. ⧗

"진정한 용기는 어떤 대가를 치르더라도 자신의 삶을 사는 것이다."

위대한 용기는 남을 모방하지 않는 것이다. 어떤 대가를 치르더라도 자신의 삶을 사는 것이다. 자신의 삶을 살기 위해 목숨을 잃는 한이 있어도 그것은 그만한 가치가 있다. 그러자면 남의 말을 듣지 말고 자신의 삶을 살아야 한다. 실수하는 한이 있어도 자신의 삶을 살아야 한다. 다른 사람을 따라 사는 것보다는 차라리 실수하는 쪽이 더 낫다.

자신의 결정에 따라 행동한 뒤 그것이 실수가 되더라도 그 실수를 통해 배우게 된다. 누구나 실수의 의미를 깨우치면 성장할 수 있다. 그런 의미에서 실수는 많은 이익을 준다. 실수를 저지를 준비가 되어 있는 자만이 배울 수 있다. 실수를 저지를 수 있는 가장 좋은 방법은 남의 말을 듣지 않는 것이다.

인생을 바꾼
운명적인 만남

한산섬에서 초등학교 교사를 하던 J 선생의 추천으로 나는 한글타자기를 6개월 할부로 샀다. 타자 연습을 매일 하려고 안 쓰던 일기까지 꼬박꼬박 매일 썼다. 글쇠가 닳아 홈이 푹푹 팰 정도로 부지런히 타자 연습을 했다. 타자기의 편리함에 감탄해 〈전화와 한글타자기〉라는 제목으로 타자기에 관한 글도 발표했다.

1976년 어느 날 광화문에 있는 유니온타자기판매상사의 한민교 사장으로부터 한글 타자기를 발명한 공병우 박사가 나를 만나고 싶어 한다는 뜻밖의 전갈을 받았다. 며칠 후 물어물어 종로구 서린동 111번지 공안과 안에 있는 '공병우한글기계화연구소'로 갔다. 말이 연구소지 아무 치장도 없는 썰렁하기 짝이 없는 작은 방이었다.

그 썰렁한 방에는 연구원 한 명이 타자기 활자를 열심히 만지고 있었고, 그것을 옆에서 지켜보고 있는 사람이 있었는데 그가 공 박사였다. 나는 잔뜩 긴장해 인사를 드렸다. 공 박사는 반갑게 악수를 청한 뒤 입가에 어린이 같은 밝은 미소를 지으면서 입을 열었다.

"반갑수다. 송 선생께서 밥 먹는 문제만 해결되면 학교를 그만두고 잘못된 한글기계화 정책을 바로잡는 일을 해보고 싶다는 말을 한 적이 있어요?"

나는 앞이 캄캄했다. 실제 그 말을 내가 어느 사석에서 한 적이 있기 때문이었다. 그렇게 말한 것이 잘못인지, 잘한 것인지 종잡을 수 없었다. 선뜻 시인도 부정도 못하고 잠시 망설였다. 그러나 아무래도 내가 그 말을 한 적이 있는데, 하지 않았다고 거짓말을 할 수는 없었다. 나는 겁에 질려 이렇게 대답했다.

"네, 박사님. 제가 그런 말을 하기는 했습니다만, 뭐가 잘못되었습니까?"

"아니오. 송 선생이 그런 말을 한 게 사실이라면, 우리 연구소에 와서 저와 함께 한글기계화 연구를 한번 해보시지 않겠어요? 지금 이 자리에서 당장 답변하지 않아도 좋아요. 송 선생으로서도 중요한 문제이니 신중히 생각한 뒤에 답변해주시오."

나는 너무나 뜻밖의 제의를 받고, 처음에는 내 귀를 의심했다. 한참 동안 멍하니 있다가 정신을 차리고 이렇게 말했다.

"박사님! 저는 손재주가 얼마나 없느냐 하면, 전기가 나갈 경우 두꺼비집도 손볼 줄 모르고, 형광등 전구도 제대로 끼울 줄 모릅니다. 이런 제가 어찌 한글기계화를 연구할 수 있겠습니까?"

"송 선생, 그 점에 대해서는 조금도 염려하지 마시오. 그동안 내가 송 선생이 쓴 글도 읽어보았고, 또 송 선생이 어떤 사람인지 대충 수소문해서 알아보았는데, 송 선생 정도면 열심히 하기만 하면 틀림없이 훌륭한 전문가가 될 수 있을 것이오. 하여튼 이 문제는 중요한 문제이니 깊히 생각해보고 답변해주시오."

집에 돌아와 아내에게 자초지종을 설명한 뒤, 학교에 사표를 내고 공 박사 연구소로 가는 게 어떻겠냐고 물었다. 아내는 그게 말이라고 하냐면서 첫말에 반대였다. 학교에 가서 친한 선생들에게 의논을 했더니 역시 첫말에 반대였다. 부산에 가서 부모님께 말씀을 드렸더니 역시 반대였다. 다들 "공 박사의 연세가 일흔인데, 언제 돌아가실지 모르고, 만약 돌아가시기라도 하면 하루아침에 직장을 잃게 되는데, 왜 그런 모험을 하느냐"고 반대했다.

나는 며칠을 고심한 끝에 여러 사람들의 반대를 묵살하고 멀쩡한 직장인 서라벌고등학교에 사표를 내고, 공병우한글기계화연구소의 부소장으로 취임했다. 1976년 6월의 일이다.

나는 어릴 때 농촌에서 자랐기에 어릴 때 본 것이라고는 머슴이 온종일 일하는 것과 소가 온종일 묵묵히 일하는 것과 우리 부모님이 매일 일하는 것이 전부였다. 그래서 그런지 나는 2년 동안 연구소에서 머슴처럼, 소처럼 일을 했다.

어느 날 공병우 박사는 나에게 이렇게 말했다.

"송 선생, 그동안 당신을 지켜보니 글자판 통일을 위해 글도 잘 쓰고, 말도 잘하고, 용기 있게 싸우기도 잘하고, 부지런하고, 정직하고…… 이런 송 선생을 전적으로 신뢰하고, 내일부터 공병우타자기주식회사와 타자기에 관련된 모든 것들을 다 맡기겠소."

나는 서른한 살의 젊은 나이에 공병우타자기주식회사의 대표이사에 취임했다. 그 뒤로 공 박사가 돌아가실 때까지 어떤 때는 스승으로, 어떤 때는 자판투쟁의 동지로 20여 년을 함께 일했다. 공 박사가 돌아가신 지 13여년이 지난 지금 한글문화원을 열고, 다음 단계로 공병우기념관 건립을 위해 동분서주하고 있는데 별다른 성과가 없어 마음이 무겁다. 🕰

"성장은 옛것을 던져버리는
용기를 통해서 이루어진다."

오래된 것을 던져버리는 행동은 무척 힘들고 어렵다. 그러나 오래된 것을 버려야 할 때가 오면 과감히 버려야 한다. 그때 비로소 새로운 것이 가능하기 때문이다. 낯설고 새로운 것은 받아들이기 쉽지 않다. 그러나 새로운 것을 받아들이고 사랑하는 법을 배워야 한다. 그렇지 않으면 어떤 성장도 있을 수 없다.

성장이란 옛것을 던질 수 있는 용기, 새로운 것을 사랑할 수 있는 용기를 통해 이루어진다. 삶의 매순간 용기 있는 결단을 해야 한다. 결단은 새로운 문을 두드리는 것과 같다. 문은 두드리는 자에게만 열리는 법이다.

새로운 길에는 항상 위험이 도사리고 있다. 그래서 더러 패배할 수도 있다. 하지만 그렇기 때문에 흥분과 감동이 있는 것이다. 그런 전율과 보람은 위험을 무릅쓸 가치가 있는 일에서만 얻을 수 있다.

그대는 가까이에 있는 고속도로로 가지 말고 멀리 있는 숲길로 가야 한다. 더러는 길을 잃을 수도 있고, 다시는 사람 속으로 돌아오지 못할 수도 있다. 그러나 그런 위험한 길을 가야 그대만의 독창적인 꽃을 피우고 그대만의 튼실한 열매를 맺을 수 있다.

제2부

그대에게
남은 시간이
그리 많지 않다

여행객 세 명이 로마에 도착하자마자 제일 먼저 교황을 찾아갔다. 교황이 그들에게 물었다.
"로마에 얼마나 머물 계획이십니까?"
한 여행객이 대답했다.
"석 달쯤 있을 생각입니다."
그러자 교황이 말했다.
"그럼 로마의 많은 면을 보게 되겠군요."
두 번째 여행객에게 얼마나 머물 것인가 물었더니 그가 대답했다.
"약 6주간 머물 것입니다."
그러자 교황이 말했다.
"첫 번째 여행객보다 로마를 더 많이 알게 되겠군요."
세 번째 여행객에게 얼마나 머물 것인가 물었더니 그가 대답했다.
"저는 2주 동안 머물 계획입니다."
그러자 교황이 말했다.
"당신은 행운아입니다. 로마에 대해 모두 알고 가겠군요."

그대는 로마에 석 달 머물 여행객인가?

로마에 3개월씩이나 머물 만치 인생이 한가하지 않다. 그리고 그대에게 남은 삶이 그리 많지도 않다! 우리가 천년을 살 수 있다면 할 일을 계속해서 뒤로 미루게 되고, 결국에 가서는 많은 일들을 놓치고 말 것이다.

그대는 로마에 석 달 머물 여행객인가?

그대가 단 하루밖에 살 수 없다면 그대는 무엇을 하겠는가? 계속해서 불필요한 것에 매달리겠는가? 참되고 본질적인 것을 더 이상 미루지 말라. 그대에게 남은 시간이 그리 길지 않다!

서른한 살 때
미리 유서를 쓰다

내가 공병우타자기주식회사 대표이사에 취임하고 얼마 되지 않아 유서를 미리 썼다. 그때 나는 서른한 살이었다. 유서란 죽기 전에 한 번 써야지 시도때도 없이 쓰는 게 아닌 줄 알면서도 내가 유서를 미리 쓴 것은 그럴 만한 사연이 있다.

우리 회사에서 한 일은 좀 특별했다. 과학적인 공병우식 타자기를 파는 일과 정부에서 정한 표준타자기가 비과학적이니 이를 폐지해야 한다면서 싸우는 일을 했다. 그래서 일반적인 회사와는 성격이 아주 달랐다. 장삿속으로만 따진다면 정부에서 정한 표준타자기가 엉터리거나 말거나 그것을 팔면 장사도 되고 돈도 벌었을 것이다.

그런데 우리 회사에서는 표준타자기는 너무 비과학적이라 팔 수 없다고 결정하고 단 한대도 팔지 않았으며 오로지 과학적인 공병우 타자기만 팔았다. 아무리 돈도 좋지만 '공병우식과 김동훈식의 단점만 모은 졸작'(조선일보 1976년 3월 22일)이라는 표준타자기를 차마 팔 수는 없었기 때문이었다.

나는 그때 정부 과학정책을 따르지 않고 반대하고 또 비판하고, 겁도 없이 장관에게 대들고 싸웠으며 생명의 위협을 느낀 적도 한두 번이 아니었다.

사업 경험도 없는 30대 초반의 젊은이가 법인 회사의 사장 노릇을 하는 일도 쉬운 일이 아닐 터인데, 잘못된 과학정책과 싸우는 일까지 했으니 그 어려움이 오죽했으랴!

매일 돌아오는 어음을 막아야 하고, 수십 명의 직원들 월급을 주어야 하고, 나도 먹고살아야 하니 정말 오줌 누고 뭣 볼 시간도 없을 정도로 숨가쁘게 살아야 했다. 하루에도 몇 번씩이나 모든 것을 훌훌 털었으면 하는 생각이 수없이 나곤 했지만 여기저기 사채 끌어들이고, 심지어 시골 부모님 집과 논밭까지 저당 잡힌 처지에 그럴 수도 없었다. 또 사회적인 체면으로도 그럴 수 없었기에 시쳇말로 빼도 박도 못하는 처지였다.

이 소리를 내 아내가 들으면 한바탕 부부싸움이 일어날지 모르지만, 특히 어음 결재 시간은 다가오고, 돈은 모자라고 할 때면 그야말로 피를 말리는 것 같아서 혹시 돈 많은 과부에게 기둥서방 계약이라도 맺고 몸값으로 돈을 받아 부도를 막았으면 좋겠다고 생각한 적도 있었다.

하지만 그 무렵에 나는 많은 것을 깨닫고 많은 것을 배웠다. 특히 기업주가 다 나쁜 사람이 아니란 것과(당시에는 악덕 기업주가 사회문제가 되던 시절이었다) 무능한 종업원 때문에 망하는 기업이 적지 않다는 새로운 사실도 알게 되었다. 참으로 소중한 공부 중 하나였다.

그 무렵에 나는 좌절하고 절망할 때가 많았다. 무기력해진 내 자신을 보면서 공연히 이 일에 뛰어들었구나 하는 후회를 한 적도 적지 않았다. 그런 어렵고 궁핍한 시기에 나는 뜻밖의 아이디어를 떠올렸다. 내 자신을 채찍질하고, 내 자신을 추스르기 위해 내가 생각해낸 것이 바로 유서였다. 절박하고 힘겨운 그 어려움 속에서 이래저래 생각하다가 마침내 유서를 생각한 것이다. 이 유서는 나로서는 일종의 배수진이었다. 배수진(背水陣)이란 뒤에 물을 두고 치는 전법으로 더 이상 물러설 수 없는 마지막 작전을 말한다.

내가 쓴 것은 유서라기보다는 내 삶의 체크리스트라고 하는 것이 옳을지 모른다. 이 유서를 내 수첩 뒤에 붙여놓고, 기회 있을 때마다 몰래 보면서 내 자신을 채찍질했다. 특히 세상만사가 다 귀찮을 때, 내가 하는 일에 희망이 없어보일 때, 골치가 아파서 훌훌 털고 어디론가 떠나고 싶을 때, 생명에 위협을 느낄 때마다 이 유서를 꺼내놓고 10가지 문항을 하나하나 곰곰 생각하곤 했다.

나는 유서를 들여다보면 섬뜩하리만큼 정신이 맑아질 뿐 아니라 숙연해지기까지 했다. 내게 어떤 어려움이 있더라도 나는 절대로 물러설 수 없다는 생각이 들고, 새로운 용기가 샘솟아나곤 했다.

송현 유서

❶ 송현은 (   )세에 (   )때문에 죽었다.

❷ 송현이 지금까지 했던 일은 무엇인가?

❸ 송현의 유족은 몇인가?

❹ 송현이 사망하기 직전에 하던 일은 무엇인가?

❺ 송현이 사람들의 기억에 남을 수 있을까? 그 이유는?

❻ 송현의 죽음을 애도하는 사람은 누구이며, 그 이유는?

❼ 송현이 사회에 공헌한 바는 무엇인가?

❽ 송현이 죽었으니, 다른 사람이 송현이 하던 일을 대신해도 그가 하던 만큼 할 수 있을까?

❾ 송현이 남긴 재산은?

❿ 송현의 유족들이 경제적인 이유로 얼마나 비참해질까?

고민하며 망설이는 것은
시간 낭비이다

공병우타자기주식회사 대표이사를 할 때의 일이다. 나날이 회사 직원들도 늘어나고 내가 관장해야 할 업무들이 늘어나는 바람에 은근히 전속 비서가 있었으면 좋겠다는 생각이 들었다. 결국은 총무부장에게 말했다.

"다음번에 직원모집 광고를 낼 때, 여비서 한 명을 뽑아주세요."

"마침 다음 달 초에 영업부 직원모집 광고가 날 건데, 그때 여비서를 한 명 뽑아드리겠습니다."

총무과에서 신문에 직원모집 광고를 내자 지원 서류들이 우편으로 매일 수십 통씩 왔다. 비서를 지원한 이들이 족히 30명은 되었다. 그중에서 서류심사를 거쳐 20명의 후보를 선정한 뒤 면접을 보러오라고 통지를 했다. 총무과에서 20명을 면접한 뒤 10명을 선발해 내게 보내면 최종으로 한 명을 뽑을 참이었다.

마침내 최종심에 올라온 10명을 내가 개별 면접을 했다. 내 마음에 드는 사람이 여럿 있었는데 그중에서 제주대학교 국문과를 졸업한 이○○라는 아가씨가 제일 마음에 들었다. 얼굴도 예쁘고 마음씨도 착해보여 조금도 주저하지 않고 그녀를 뽑았다. 내 마음에 쏙 드는 예쁜 아가씨를 전속 비서로 뽑고 나니 온종일이 즐겁기 그지없었다.

예쁜 여자는 아름다운 꽃보다 더 아름답고, 예쁜 여자가 풍기는 인간적 매력의 향기는 지상의 어떤 향기보다 더 향긋하다는 것을 새삼 절감했다. 예쁜 여자는 앞을 봐도 예뻤고 뒤를 봐도 예뻤다. 예쁜 여자는 웃는 모습도 예뻤고, 화내는 모습도 예뻤다. 그녀가 입사한 뒤부터 아름다운 그녀 모습을 보고 싶어 출근을 더 빨리 했다. 나는 회사에 출근하는 일이 더없이 즐겁고, 회사에서 보내는 시간이 더없이 신바람이 났다.

그런데 큰 문제가 생겼다. 그녀가 순간순간 예쁜 '여자'로 보이기 시작한 것이다. 비서로 보여야 하는데 그렇지 않은 것이었다. 그녀는 하루에도 내 방에 수없이 들락날락했다. 청소도 하고, 손님이 오면 차도 내오고, 결재서류를 들고 들어오기도 하고, 은행에도 가고, 우체국에도 가는 등 내가 시키는 일은 공사를 마다 않고 깔끔하고 세련되게 처리했다. 그런데 순간순간 그녀가 아름답고 매력적인 여자로 보이는

당신에게 남은 시간이 많지 않다

바람에 나는 스스로를 자제하는 일이 점점 힘들었다.

가령, 결재를 맡으러 와서 내 책상 옆에 서 있는 경우, 마음만 먹으면 내 손이 닿을 수 있는 지근거리였다. 뿐만 아니라 내 방을 청소할 때 마음만 먹으면 등 뒤에서 그녀를 껴안을 수도 있는 환경이었다. 그녀에 대한 내 욕망을 들키지 않으려고 나는 무진 애를 썼다.

그녀를 만져보고 싶고, 껴안아보고 싶고, 하룻밤 자고 싶은 간절한 욕망을 참는 것이 여간 고통스런 일이 아니었다. 그런데 만약 내가 그녀에게 어떤 액션을 취한다면 그순간 그녀와의 공적 관계는 다 깨지고, 나는 엄청난 부담을 안아야 하기 때문에 어떤 액션도 취하지 않고 마음속으로만 그녀를 탐했다.

욕망을 억제하는 것도 문제였지만, 회사 대표로서 해야 할 수많은 일들이 손에 잡히지 않는 것이 더 큰 문제였다. 이글이글 타오르는 욕망을 감추고 그녀에게 태연하게 대한다는 것이 나날이 힘겨웠다. 그러구러 두 달이 지났다. 아무리 생각해봐도 더 이상 내 속에 억압해둔 욕망을 억제할 자신이 없었다. 그녀와 함께 일하는 것이 너무나 즐겁고 행복했지만 내가 한계에 도달했다는 것을 자각한 이상 어떤 결단을 내리지 않을 수 없었다.

모든 것을 감수할 각오를 하고 그녀를 와락 껴안든지, 그녀를 회사에서 내보내든지 둘 중에 하나를 선택해야 했다. 이 두 패를 놓고 누구와 상의할 수도 없어 혼자서 여러 날을 고심했다. 주말 내내 고심을 한 끝에 용단을 내리기로 했다.

월요일 아침 출근하자마자 그녀를 내 방으로 불렀다.

"이 아씨!(당시 우리 회사에서는 미스란 용어 대신 아씨라고 불렀다)"

내 목소리가 여느 때와는 아주 달랐다. 내가 생각해도 너무나 무겁고 차가웠다. 그녀도 바짝 긴장을 하는 눈치였다.

"네. 사장님."

나는 침을 한번 꼴깍 삼키고 말했다.

"대단히 미안하지만, 우리 회사를 그만뒀으면 좋겠습니다."

"네? 사장님 제가 뭘 잘못했습니까?"

"아닙니다. 아무 잘못한 것 없습니다. 이 아씨가 너무 예뻐서 그만두라는 겁니다."

"예에?"

그때까지 그녀는 내 말 뜻을 제대로 파악하지 못했다. 그녀는 어리둥절한 표정을 지으면서 나를 쳐다보았다.

"이 아씨가 너무 예뻐 내 눈에 여자로 보이기 때문입니다. 그럼에도 그동안 아무런 실수를 하지 않은 것은 이 아씨나 내 자신을 위해서 정말 다행이라고 생각합니다. 그런데 그동안은 가까스로 실수하지 않고 잘 버텨왔는데, 여기까지가 나의 한계입니다. 앞으로는 무슨 짓을 할지 나 스스로도 모르겠습니다. 내 성격으로는 예쁜 여비서와 함께 일할 수 없다는 것을 깨달았습니다. 그러니, 우리 회사를 그만뒀으면 합니다."

그제야 그녀는 내 뜻을 정확하게 이해했다. 그녀의 볼이 잠시 상기되었으나 잠시 후 입가에 가벼운 미소를 지으면서 말했다.

"사장님, 감사합니다. 그동안 저에게 잘 해주셔서 정말 고맙습니다. 그리고 지금 솔직히 말씀해주셔서 너무 감사합니다."

"오늘 당장 그만두라는 것이 아닙니다. 내 속마음을 말했으니 다른 직장을 구할 때까지 몇 달이 걸리더라도 근무해도 좋습니다. 여기보다 더 좋은 직장을 구하시기 바랍니다."

그녀는 고개를 가로저으면서 말했다.

"사장님, 호의는 감사합니다. 그러나 사장님을 더 이상 불편하게 해드리지 않기 위해 오늘 당장 그만두겠습니다."

그리고 다소곳이 고개 숙여 인사를 하고 내 방을 나갔다. 나는 그녀의 뒷모습을 물끄러미 바라다보기만 했을 뿐 더 이상 아무런 말도 하지 못했다.

"가면을 쓰면 그대도 가짜이고 그대 삶도 가짜이다."

연극배우들은 하나의 가면을 쓰고 연기한다. 그런데 그대는 수많은 가면을 쓰고 살고 있다. 상황에 따라 가면을 골라 쓴다. 가면을 쓰고 살면 그대에게 유리할 때가 많다. 그래서 가면은 엄청 쓸모가 있다. 그대는 계속해서 가면을 바꿔 쓴다. 그대가 얼마나 많은 가면을 쓰고 있는지 자각해야 한다. 가면을 쓰고 있는 그대는 가짜이고, 가면을 쓰고 사는 그대 삶도 가짜이다.

오늘 가족의
사랑을 확인하라

나는 3대 독자인 내 아들이 잠실중학교에 입학했을 때 이혼을 했다. 걔 누나는 3학년이었다. 그때 우리는 서울 잠실 장미아파트 17동에서 살았다. 이혼으로 애들 엄마가 떨어져나가는 바람에 식구는 하나가 줄었는데, 슬픔과 불행은 배가 되었다. 우리 가정에 이런 큰 시련이 닥칠 줄은 몰랐다.

그해 겨울은 여기저기에서 수도가 얼어터질 만치 추웠고 가정이 깨진 우리 집안 분위기는 강추위보다 더 냉랭하고 황량했다. 그러던 어느 날 아들이 내게 말했다.

"아버지, 신문배달을 하고 싶어요."

"난데없이 웬 신문배달?"

아들 녀석은 고개를 숙이고 대답이 없었다. 평소에도 별로 말이 없던 앤데 엄마가 나간 뒤로는 더 말이 없어졌다.

"돈이 필요하냐?"

녀석은 고개를 가로저었다.

"용돈이 적니?"

녀석은 고개를 가로저었다.

"무슨 사고를 쳤냐?"

녀석은 계속 고개를 가로저었다.

나는 답답해서 언성을 높여 웬 신문배달이냐고 다그쳤더니 그제서야 퉁명스레 말했다.

"그냥 한번 해보고 싶어요."

"그 이유라면 나중에 고등학교 때 해도 늦지 않아! 안 돼! 그런 경험을 하기엔 넌 너무 어려! 넌 겨우 중1이야, 중1!"

그 순하고 물러터진 애가 또 고개를 가로저었다. 내가 차분하게 타일렀다.

"정 그렇다면 내년에 중2 때 하면 안 되겠니?"

녀석이 고개를 가로저었다.

"애야, 굳이 해보겠다면 지금은 겨울이라 새벽 공기가 너무 차가우니 따뜻한 봄이 되면 그때 해보렴."

그래도 녀석은 고개를 가로저었다.

누굴 닮아 그런지 물러터져 애비 말 한번 거역한 적이 없던 애가 그 날따라 물러설 기색이 없었다. 엄마가 집에 있었다면 녀석의 뒤통수라도 한 대 쳐서 못하게 했을 텐데, 엄마가 없다는 것이 불쌍해서 내가 물러서고 말았다. 할 수 없이 '겨울방학 한 달간 많은 구역을 맡지 말고, 장미아파트 단지만' 배달하는 조건으로 신문배달하는 것을 허락했다.

"아침마다 내가 깨워주마."

녀석은 아무 표정도 없이 고개를 가로저었다.

그날 밤 나는 별별 생각, 별별 상상을 다하면서 뜬눈으로 밤을 새웠다. 녀석의 방에도 밤새 불이 꺼지지 않았다.

그해 겨울은 시베리아에서 불어오는 칼바람이 한강을 건너 잠실 장미아파트 17동쪽으로만 몰려오는 것 같았다. 잠실중학교 1학년 송XX이 엄동설한의 미명에 신문배달하러 제 손으로 현관을 따고 집을 나설 것이 안쓰러워 나는 녀석보다 먼저 일어나 내 방에 숨을 죽이고 있었다.

내가 깨워주지도 않았는데 용하게 혼자 일어난 녀석이 신발장 앞에서 부스럭거리는 소리가 난 뒤 현관문을 따고 나가는 것이었다. 에미 없는 고아 같은 녀석의 뒷모습을 보니 억장이 무너졌다. 엄마라도 집에 있었으면 덜 애처로웠을 것이고 내 마음도 덜 아팠을 것이다. 그 순간 우리집 시계는 멎고 우리 가족의 시계도 멎고 내 삶의 시계도 멎고 내 심장도 멎는 것 같았다. 잠실중학교 1학년 송XX의 뒷모습을 보고는 나는 망연자실해져 그 자리에 오랫동안 입상처럼 서 있었다. 나중에 안 일이지만 전날 밤을 뜬눈으로 새운 녀석의 누나도 그 시각 제 방에서 소리 죽여 흐느끼고 있었던 것이다.

신문배달을 한 지 한 달이 지난 어느 날 녀석이 선물 꾸러미를 내 앞에 내밀었다. 내가 물었다.

"이게 뭐냐?"

"아버지께 드리는 선물입니다."

"네가 무슨 돈이 있어서?"

"신문배달로 번 돈으로 샀습니다."

"……."

겉으로 기쁜 표정을 짓고 고맙다는 말을 과장해서 했지만 내 마음은 기쁘기는커녕 납덩이처럼 한없이 무겁기만 했다. 녀석이 보는 앞에서 포장을 뜯어보니 민중서관에서 발행한 가죽 장정의 〈이희승 국어사전〉이었다. 내가 평소에 갖고 싶었던 사전이었다. 나는 갑자기 목이 메어 아무 말도 못하고 사전 표지를 넘기니 속 페이지 첫 장에 녀석이 또박또박 쓴 글귀가 눈에 들어왔다.

존경하는 아버지께
제가 태어나서 처음으로 땀 흘려 번 돈(신문배달)으로 이 사전을 선물합니다.
아버지를 사랑합니다.
1994년 1. 31.
아들 송XX 올림(서울 잠실중학교 1학년 13반 20번)

글을 읽는 순간 나는 또 한번 억장이 무너졌다. 목이 메어 고맙다는 말도 하지 못하고 녀석의 손을 꼭 잡았다. 내 손에 전해오는 따뜻한 기운이 바로 '내 새끼'의 기운이구나 싶었다. 그 순간 나는 이렇게 말하고 싶었다.

"미안하다. XX! 이 순간 너의 엄마가 이 자리에 있었으면 얼마나 좋았을까. 미안하다. 그리고 너는 내 새끼이고 나는 네 애비다. 이 선물 하나로 차고도 넘친다. 그러니 앞으로 내게 어떤 선물도 하지 않아도 좋다."

그러나 이 말을 할 수가 없었다. 그래도 녀석은 애비 마음을 알았을 것이다. 우리는 서로 아무 말도 하지 않았다. 내 눈에서는 뜨거운 눈물이 주르르 흘러내렸다. 녀석의 눈에서도 눈물이 흘러내리고 있었다. 우리 등 뒤에서 아까부터 이 광경을 지켜보던 개 누나도 마침내 소리내어 엉엉 울면서 문을 쾅 닫고 제 방으로 들어갔다. 그날 우리집 모든 불은 초저녁부터 다 꺼졌고 어떤 인기척도 나지 않아 사람이 살지 않는 빈집 같았다. ⧗

"일상에 눈물과 감동이 스며 있으면
사랑과 삶이 그만큼 끈끈해진다."

불우한 환경에서 자란 K는 마침내 참한 처자를 만나 결혼했다. 신혼 때 배추 살 돈이 없어 남 다하는 김장을 못했다. 아내는 남편의 상에 김치를 올리지 못하는 것을 미안하게 생각했다. 어느 날 저녁 밥상에 양념이 잘된 배추김치가 한 포기 올라왔다. 어디서 났느냐고 물었지만 아내는 똑부러지게 대답을 못하고 우물우물했다. 남편이 다그치자 아내는 울면서 말했다.

"그동안 당신 밥상에 김치를 못 올려서 밥상 차릴 때마다 미안하게 생각했어요. 우리 친정집에나 오빠네에 가서 김치 한 통 정도는 얻어올 수도 있지만 그러면 당신 체면이 말이 아닐 것 같아 그럴 수도 없었어요. 오늘 주인집 장독에서 아무도 몰래 김치 한 포기를 훔쳤어요."

그는 아내를 와락 껴안았다. 두 사람은 한참 동안 서럽게 울었다. 그 뒤에 그는 더 열심히 노력해 승승장구했다. 주위에 멋진 여자들도 많이 따랐지만 눈길 한번 돌리지 않았다. 언젠가 그가 말했다.

"늙은 아내를 버리고 젊고 예쁜 여자와 새로 시작해볼까 하는 생각이 들다가도 신혼 때 주인집 장독에서 김치 훔쳐 상에 올려준 고생하던 아내를 버리면 내가 천벌 받지 싶어서 그러지 못합니다."

삶에 이러한 감동적인 사연이 많을수록 그 삶은 풍성해진다.

어느 쉰 네살 시인의 공개구혼장
'재혼'이 아니고 '새혼'

내 소개

제 이름은 송현입니다. 올해 쉰넷 돼지띠의 몸과 마음이 건강한 남자입니다(키 173cm, 몸무게 80kg). 이날까지 어디 아파서 약을 먹어본 적은 한 번도 없습니다. 약이라곤 회충약밖에 먹어본 적이 없고, 병원에는 한 번도 가본 적이 없습니다(다음 주에 난생 처음 종합검진 받으려고 예약했음).

　고향은 부산이고, 스물네 살짜리 딸은 대입 수학 전문학원에서 강사를 하고, 대학에서 연극을 전공하던 스물두 살짜리 아들은 지난 3월에 군대에 갔습니다. 저는 D대학교 국문과를 졸업했고 그 대학원에서 현대문학을 공부했습니다.

1975년 월간 〈시문학〉에 미당 서정주 선생 추천으로 등단한 뒤, 시인으로, 칼럼니스트로, 동화작가로 활동하고 있습니다. 재산은 부산에 있는 집(대지 240평)과 현재 딸과 둘이 살고 있는 서울 답십리 소재 아파트(31평형) 한 채, 그리고 제 연구실로 쓰는 장안평 오피스텔 1개(15평형), 그리고 고향에 땅이 조금 있습니다. 의료보험료를 월 8만원쯤 내는데 내년에는 더 많이 낼 형편입니다.

제 직업은 한마디로 말하기가 쉽지 않습니다. 왜냐하면 제가 여러 분야에서 일을 하고 있기 때문입니다. 한때는 서울 서라벌고등학교에서 국어 교사 노릇도 하고, 공병우타자기주식회사 대표이사 사장도 하고, 현실문제연구소 소장도 하고, KBS 라디오에서 '송현 인생칼럼'이라는 프로 진행도 하고, KBS 텔레비전에 '비즈니스맨 시대' 라는 프로 진행도 하고, 케이블 TV에서 '케이블스쿨 가정교육' 이란 프로의 진행도 하고, 서울예술신학대학 문창과에서 교수 노릇도 하였으니, 제 직업이 뭐라고 한마디로 잘라 말하기 곤란할 수밖에 없습니다.

저에 대해 더 자세한 것을 알고 싶으면, 중앙의 큰 신문사의 홈페이지에 들어가 [문화예술인 인물정보] 방을 클릭한 다음 제 이름을 치면 제가 가수 조용필과 모델 윤정을 좋아하고 담배 안 피는 것까지 온갖 시시콜콜한 것이 다 나옵니다.

결혼 한 번 실패하고, 한 번 할 뻔하고

저는 서라벌고등학교 국어 교사 노릇을 할 무렵인 1976년에 결혼을 한 적이 있습니다. 저의 결혼 이야기를 〈샘이 깊은 물〉에 '16년 만에 털어놓는 내 혼인의 비밀'(1992년)이란 제목으로 발표한 적이 있습니다. 그래서 공개구혼장도 나와 인연이 깊은 이 잡지에 발표를 하기로 마음먹었습니다. 저의 결혼은 그때만 해도 좀 특이한 결혼이었습니다.

왜냐하면 결혼에 한 번 실패하고 네 살짜리 딸애가 하나 딸린 여자와 결혼을 했기 때문입니다. 그때만 해도 총각이 처녀와 결혼하지 않고, 결혼에 한 번 실패하고 애까지 딸린 여자와 결혼하는 것이 결코 쉬운 일은 아니었습니다. 그런 결혼을 하여 딸 하나 아들 하나를 낳고, 주위 사람들에게 아무 말 않고 살다가 16년 만에 그 사실을 공개했더니, 적지 않은 사람들이 놀랐습니다. 그런데 그녀와 16년을 살다가 1992년에 정식 협의 이혼했습니다.

그녀와 이혼한 이유를 한마디로 설명하기란 제 직업을 한마디로 설명하는 것보다 더 어렵습니다. 결혼할 때 제가 아내에게 제시한 조건이 딱 한 가지 있었습니다. 그것은 '매일 책을 30쪽씩 읽읍시다'였습니다. 저는 인생에서 가장 중요한 것은 성장이라고 생각합니다. 여기서 말하는 성장은 정신적, 영적 성장을 의미합니다. 일생 동안을 함께 살 부부는 함께 성장해야 합니다. 함께 성장해야 눈높이가 비슷해지기 때문입니다.

아파트 1층에서 보는 것과 21층에서 보는 것과는 전혀 다릅니다. 이 비유가 꼭 맞지는 않지만 부부가 함께 성장하지 않으면 이처럼 전혀 다른 시야로 세상을 바라보게 됩니다. 부부가 서로 눈높이가 달라 전혀 엉뚱한 시야로 세상을 다르게 보고 산다는 것은 참 불행한 일이라고 생각합니다.

눈높이가 같거나 비슷하지 않으면 거기에 따르는 부작용이 한두 가지가 아닙니다. 우리는 손가락을 걸면서 이 약속을 했습니다. 그런데 이 약속을 제 아내는 한 달을 못 지켰습니다. 그러자 한쪽은 날로 성장하는데 반해 한쪽은 제자리에 머물러 있는 것이나 다름없었습니다. 그러니 우리 부부는 마치 '옛날 울릉도 전화' 처럼 되었습니다.

선로 사정이 나빠 서로 여보세요! 여보세요! 고함만 지르다가 끊어지고 마는 전화 말입니다. 이렇게 서로 교신이 제대로 되지 않으니 의사소통이 원활히 되지 않고, 그러니 오해할 일이 생기고, 오해가 불신을 낳고, 불신이 서로를 가로막는 두꺼운 벽이 되었습니다. 불신의 벽은 날로 그 두께와 높이를 더해갔습니다. 그러니 한집에 살면서도 결국은 남처럼 되었고, 마침내는 여러 가지 부작용과 문제들이 생겨 이혼을 하고 말았습니다.

그러던 5년 전에 A문화센터 행사장에서 꽃꽂이하는 여자를 만났습니다. 사실 이 여자에 관한 이야기는 안 하고 싶습니다. 한때 내가 사랑했고, 잠시나마 동거까지 한 여자인데, 그녀에게 본의 아니게 누를 끼칠까 하는 점 때문입니다.

그런데도 굳이 이야기를 하는 까닭은 공개구혼까지 하는 마당에 특히 여자관계의 작은 부분이라도 고의적으로 숨겼다가 뒷날 이를 알게 되면 그때는 저의 다른 진실까지 싸잡아 의심받게 되고, 그러면 더 큰 것을 잃으면 어쩌나 하는 마음에서 간략하게나마 말하지 않을 수가 없습니다.

그녀는 결혼에 두 번 실패하고 혼자 살면서 꽃꽂이를 하는 여자인데, 얼굴도 예쁘고 마음씨도 좋아 보였습니다. 몇 번 만나 차도 마시고 대화하는 가운데 서로 호감을 느꼈습니다. 나는 그녀가 꽃꽂이 분야에서 오랫동안 일을 했는데도 그것을 한데 묶어 책으로 출간하지 못한 것을 알고 꽃꽂이에 관한 책을 써보는 것이 어떻겠냐고 제안을 했습니다. 그녀도 그렇게 하고 싶지만 글 쓰는 일이 자신이 없어 엄두를 내지 못한다고 했습니다.

그래서 제가 그 일을 도와주고 싶다고 했습니다. 그녀의 아름다움과 매력이 제게 예술적 영감을 주고, 저는 그녀가 꽃꽂이에 관한 책을 쓰는데 도움을 줄 수 있다면 서로에게 소중한 존재가 될 것이라 생각했습니다. 우리는 급속도로 가까워졌습니다. 어느 날 그녀는 자신의 열등감에 대해 말했습니다. 그것은 학력 문제였습니다. 충청도의 작은 도시에서 자랐는데, 부모님들이 가난해 자기를 대학에 보내주지 않아 겨우 상업고등학교밖에 졸업하지 못했다면서 서럽게 울었습니다. 그래서 제가 이렇게 말했습니다.

"제가 처음에 결혼할 때 '매일 책을 30쪽씩 읽자'고 약속했습니다. 그런데 그로부터 20여 년이 지난 오늘은 그때와 생각이 좀 달라졌습니다. 그때는 책을 많이 읽고 공부를 열심히 하는 것이 아주 중요하다고 생각했습니다. 그런데 지금은 설령 책을 읽지 않아도 남의 말을 귀담아 듣는 태도만 갖추면 된다고 생각합니다. 학력이 그렇게 중요하다고는 생각하지 않습니다.”

한 1년쯤 연애를 한 끝에 함께 살기로 하고, 성내동에 넓은 아파트를 공동 구매했습니다. 그녀가 먼저 새 집으로 이사를 하고, 얼마 후에 제가 이사를 했습니다. 그런데 살림을 합치고 보니 하루가 멀다 하고 다툴 일이 생겼습니다. 연애할 때부터도 그녀에 대해 좀 미심쩍은 부분이 몇 가지 있었습니다. 그중의 하나는 집안에 생화를 한 송이도 꽂은 적이 없다는 점이었습니다. 집안을 온통 조화로만 장식을 하는 것이었습니다. 나중에 안 일이지만 그녀는 결코 꽃을 사랑하는 것이 아니라 단지 꾸미기를 좋아하는 것이었습니다.

그리고 책 읽는 모습을 볼 수 없었습니다. 골프 치러 가거나 틈만 나면 유한마담들과 고스톱 치는 일과 사교모임에 화려하게 꾸미고 나가 저명인사들과 교제의 폭을 넓히는 데 혈안이 되다시피 했습니다. 그리고 청소를 하는 것을 보면, 마치 그녀의 삶의 목적이 청소가 아닐까 하는 생각이 들 정도였습니다.

해병대 내무반 검열보다 더 무섭게 청소 검열을 하는 바람에 우리 아이들이 정말 혹독하게 시련을 받았습니다. 그러나 불같은 아빠 성질을 아는 아이들은 한마디도 불평을 하지 않았습니다.

그녀가 책을 읽지 않는 것까지는 이해할 수 있었습니다. 그러나 남의 말을 귀담아 듣기라도 제대로 했으면 하고 기대했습니다. 그런데

남의 말을 귀담아 듣기는커녕 오히려 시도때도 없이 불쑥불쑥 튀어나
와 남의 말을 가로막는 명수였습니다. 그러자 나는 첫 번째 결혼에 실
패한 것과 똑같은 돌부리에 걸려 넘어지겠구나 하는 안타까운 생각이
들었습니다.

극히 사소한 일로 시작한 싸움이 커져 대판으로 싸운 뒤에 살림을
합친 지 한 달도 안 되어 헤어질 것을 합의하고 집을 부동산에 내놓았
고, 마침내 그녀와 손수건을 흔들었습니다. 물론 제가 이런 실수는 하
지 않았으면 좋으련만, 뒤늦게라도 정신을 차리고 손수건을 흔들기를
정말 잘했다고 생각합니다. 특히 그녀가 저와 헤어지고 난 뒤에 하는
여러 가지 상식 밖의 행태들을 보고는 더더욱 제 판단이 옳았다고 생
각했습니다.

재혼을 하려는 이유

저는 이혼을 하는 바람에 정상적인 부부생활에서 얻을 수 있는 많은
것을 잃어버렸지만 한편으로는 혼자 사는 자유로움을 얻었습니다. 이
자유로움을 통해 얻는 소중한 것도 많다는 사실을 알았습니다. 어떻
게 해서 얻은 자유인데, 다시 결혼이라는 속박의 굴레 속으로 들어가
려 하는가 회의도 많이 했습니다. 결혼하지 않고 자유분방하게 편하
게 살까하는 생각도 많이 했습니다.

그런데 굳이 제가 재혼하려는 이유는, 밥하고 빨래해줄 사람이 필
요해서가 아닙니다. 저는 중학교 1학년 때부터 자취를 했기 때문에 밥

도 잘하고, 제가 좋아하는 간단한 음식들은 제 손으로 잘 만듭니다. 다림질도 잘하고, 단추도 잘 달고, 양말도 잘 기우고, 바짓가랑이 밑단도 뜰 줄 압니다. 이런 것을 시키자고 아내가 필요한 게 아닙니다. 물론 세퍼드처럼 집 지키게 하려고 아내가 필요한 것도 아닙니다.

사실 세퍼드처럼 온종일 집을 지키는 여자는 정말 불행한 여자이고 한심한 여자입니다. 건강한 사람이라면 낮에는 종일 일을 열심히 해야 합니다. 고등학교까지 나온 여자가 세퍼드 같은 일생을 사는 것은 일종의 죄악입니다. 그리고 섹스 때문에 결혼하려는 것은 더더욱 아닙니다. 말이야 바른 말이지, 섹스 때문이라면 차라리 결혼하지 않는 쪽이 백 번 낫다고 봅니다.

제가 굳이 결혼하려고 하는 이유는 제 삶의 후반부를 함께 살아갈 도반(道伴) 같은 존재가 필요하기 때문입니다. 인생이라는 길을 가는 길동무 말입니다. 진리나 깨달음을 향해 떠나는 순례의 길동무 같은 아내가 필요합니다. 흔히 "기쁨은 함께 하면 배가 되고, 슬픔은 함께 하면 반으로 준다"는 말처럼 저에게 남은 인생을 더 풍요롭게, 더 가치 있게 살고 싶어서입니다.

맛있는 것은 혼자 먹어도 물론 맛있습니다. 그러나 사랑하는 사람들과 함께 먹으면 더 맛있다는 사실을 누구 못지않게 잘 알기 때문입니다. 젊은 날에는 미처 몰랐던 것들, 그냥 스쳐 지나갔던 것들을 이제 나이 들어서야 그 가치와 소중함을 알게 된 것이 한둘이 아닙니다.

그래서 제 분수에 맞는 짝을 만나면 그 소중한 삶의 순간순간과 그

값진 삶의 기쁨을 함께 누리고 싶습니다. 맛있는 음식을 함께 먹는 것만이 아니라 정신적, 지적, 영적 즐거움도 공유하고 싶습니다. 가령 무슨 책을 읽다가도 너무너무 좋은 말이 있거나 좋은 대목이 있으면 함께 읽으면서 함께 기뻐하고 함께 슬퍼하는 그런 동무 같은 아내가 필요합니다.

공개 구혼하는 이유

제가 서울 서라벌고등학교에서 국어 교사 노릇도 여러 해 하고, 서울 예술신학대학에서 '대학국어', '아동문학론', '대중문화' 등의 강의도 해왔고, 케이블 TV에서 60분짜리 간판 프로의 MC도 할 정도면 말주변이 없는 것도 아니고, 허우대가 멀쩡하지 않은 것도 아닙니다. 그동안 약 50여 권의 책을 썼으니 굳이 연애편지를 잘못 쓰는 것도 아닙니다. 또한 사회 활동을 오랫동안 해왔기 때문에 제 주위에 아는 사람들도 적지 않습니다. 그런데 굳이 이렇게 공개 구혼하는 데는 제 나름의 이유가 있습니다.

첫째, 제가 그동안 살아오면서 비싼 값을 치르고 얻은 소중한 지혜의 편린들을 많은 사람들에게 말해주고 싶어서입니다. 그중의 하나가 '아이들 때문에 이혼을 망설이지 말라'는 점입니다. 저는 결혼을 하자마자 아내와의 사이가 '옛날 울릉도 전화'처럼 되는 바람에 진작부터 이혼을 생각했습니다.

그런데 아이들 때문에 이혼을 미루어 왔습니다. 작은 아이가 초등학교를 졸업할 때까지는 절대로 이혼을 하지 않겠다고 결심했습니다. 왜냐하면, 초등학교 다니는 어린 것이 무거운 가방을 메고 에미도 없는 집에 와서 라면을 끓여 먹는 모습을 상상하니 제 가슴이 미어지는 것이었습니다.

그래서 저는 아내가 사치를 하면, 제가 더 열심히 일해서 돈을 더 벌면 될 것이라 생각했고, 아내가 엉뚱한 짓을 하면 나만 눈감아주면 된다라고 생각하고 묵묵히 참고 살았습니다. 그러다가 드디어 아들이 중학교에 들어가자 이혼을 실행에 옮긴 것입니다. 그러고 보니 어느 덧 16년이란 아까운 세월이 지나가고 말았습니다. 참, 아까운 세월을 생각하면 땅을 치고 통곡하며 피를 토할 판입니다.

이혼을 하고 나서 아주 중요한 사실 하나를 깨달았습니다. ‘이럴 줄 알았으면 진작 이혼할 걸!’ 하는 것이었습니다. 아이들은 제가 생각한 만큼 상처를 많이 받지도 않았다는 점입니다. 그 정도 상처는 한 인간이 성장하는 데 좋은 밑거름이 될 수도 있다는 점입니다.

저는 아이들 때문에 16년이란 긴 세월 동안 이혼을 미루어온 것을 너무너무 후회했습니다. 그래서 저는 혹시 아이들 때문에 이혼을 미루고 있는 사람들에게 제 경험을 말해주고 싶습니다. 아주 어린애가 아니라면 더 이상 아까운 시간을 허비하지 말기를 바랍니다.

둘째, 많은 사람들이 현재 자기가 누리고 있는 삶이 얼마나 소중하며 얼마나 고마운 것인지를 잘 모르고 있습니다. 이를 일깨워주기 위함입니다.

제가 꿈꾸는 행복한 생활에 대해 조금 말씀 드리겠습니다. 저의 큰 소망 하나는 풀을 빳빳하게 먹인 하얀 옥양목 호청을 한 베개를 베고 잠을 자는 것입니다. 어릴 때 어머니가 풀을 빳빳하게 먹인 옥양목 베개 호청을 갈아 끼웠을 때, 그날 밤 저는 볼에 느껴지던 그 까끌까끌한 감촉을 지금까지 잊을 수 없고, 그때 제 코에 스치던 어머니 젖 냄새 비슷한 그 풀 냄새를 생생하게 기억합니다. 이것이 바로 제가 꿈꾸는 행복의 작은 원천입니다.

이런 나의 소박한 꿈을 존중해줄 여자를 만나기 원합니다. 아내가 일주일마다 풀 먹인 하얀 옥양목 베개 호청을 갈아주면 좋겠습니다. 그런데 이것이 너무 번거롭고 힘들다면 2주일에 한 번 갈아주어도 고맙게 생각하겠습니다. 아니, 2주일도 힘들다면 3주에 한 번 갈아주어도 고맙게 생각하겠습니다.

제가 꿈꾸는 행복 또 한 가지를 말씀드리겠습니다. 아침이면 아내가 가족들보다 한 30분 쯤 먼저 일어나, 식구들의 아침 식탁을 위해 부엌에서 내는 그릇 씻는 소리, 도마에 마늘을 다지는 소리, 쌀 씻는 소리를 듣고 싶습니다. 아내는 가족들이 잠 깨지 않게 최대한 적게 내려고 해도 그래도 들리는 그 소리를 듣고 싶습니다. 어릴 때 어머니가 부엌에서 도마에 마늘 찧는 소리, 우물에서 물 긷는 두레박 소리 등을 아침 잠결에 들었습니다. 그 소리들은 이 세상 어떤 새소리보다, 어떤 악기 소리보다 더 아름답고 소중하다고 생각합니다.

제가 꿈꾸는 행복 또 한 가지를 말씀드리겠습니다. 아무리 서로 일이 바빠도 일주일에 최소한 연속극 한 가지는 함께 볼 수 있었으면 좋겠습니다. 동시대 사람들이 숨죽여 보는 재미 있는 주말연속극이나 수목 드라마 중 어느 것 한 가지를 정해 함께 볼 수 있었으면 좋겠습니다.

경우에 따라서 두 사람 다, 혹은 어느 한쪽이 바빠 시간을 낼 수 없으면 비디오로 녹화를 해두었다가 따로 날을 잡아 함께 보았으면 좋겠습니다. 저는 그동안 한 번도 그렇게 해본 적이 없습니다. 젊었을 때는 이런 것이 얼마나 소중한 것인지 몰라서 못했고, 이런 것이 얼마나 소중한 것인지를 알았을 때는 제 옆에 사람이 없었습니다.

셋째, 제가 원하는 배필을 만날 수 있었으면 하는 바람 때문입니다. 저는 이 공개 구혼을 통해 운좋게도 제가 원하는 여자를 만날 수 있었으면 좋겠습니다. 물론 제 마음에 쏙 드는 여자를 기대하지는 않습니다. 다만 제가 바라는 여성상에 근접한 여자라도 만날 수 있었으면 좋겠습니다.

내가 바라는 여자

제가 원하는 여자에 대해 구체적으로 몇 가지 생각나는 대로 말씀드리겠습니다. 몸과 마음이 건강해야 함은 말할 것도 없고, 나이는 저와 너무 많은 차이가 나지 않았으면 좋겠습니다. 물론 호적상 나이보다 정신적인 나이, 감각적인 나이가 더 중요하다고 봅니다.

학력은 상관없습니다. 저는 일류대학을 나온 여자 중에서 졸업장이 아까운 형편없는 이들을 참 많이 보았습니다. 일류대학 나온 여자들

중에서 공부 제대로 안 한, 겉멋만 든 공주병 환자를 많이 보았습니다. 우리 어머니는 그런 여자는 "남편 등골 파먹으니 조심하라"고 했습니다. 이 대목에서 제가 중요하게 생각하는 것은 비록 학력이 낮다고 해도, 독서하는 습관이 몸에 밴 여자면 좋겠다는 점입니다.

종교에는 별 관심이 없는 여자면 좋겠습니다. 굳이 종교가 있다면, 남의 종교도 존중하는 사람이면 좋겠습니다. 다시 말하면 자기 종교가 제일이라 생각하고, 가족이나 이웃들에게 기어이 전도하려고 기를 쓰는 여자는 곤란합니다. 여자의 종교 때문에 집안의 화목이 깨지고, 명절 때 고향에 내려가지도 않는 이들을 많이 보았습니다. 이런 편협하고 독선적인 종교에 오염되지 않았으면 좋겠습니다.

저는 장미꽃이 아무리 예쁘다고 해도, 이 세상 모든 꽃들을 다 뽑아버리고 장미꽃 한 가지로 통일하고자 하는 한심한 이들을 경멸합니다! 이런 생각을 하는 자들, 이런 종교를 믿는 자들은 인류 평화에 가장 큰 장애물이요, 적이라고 생각합니다.

이제 외모에 대해서 말씀드리겠습니다. 미인들에게는 대단히 미안한 말이지만 얼굴이 예쁜 여자는 사양합니다. 그동안 내가 만난 얼굴 예쁜 여자들 중에는 공교롭게도 얼굴 예쁜 것만 믿고, 내면 가꾸는 일에 소홀한 이들이 적지 않았습니다. 하기야 얼굴이 예쁜 여자들은 밤낮 여기저기 싸돌아다니느라 공부할 틈이 없었고, 공부하지 않아도 모든 일을 쉽게 할 수 있었지 싶습니다.

가령 못생긴 여자가 관공서에 가서 일을 볼 때 서류가 한 장이라도 빠져도 안 되고, 글자 한 자 틀려도 안 되는데, 예쁜 여자는 서류 한 장 빠져도 무마가 되고, 글자 한 자 틀리는 것이 아니라 10자가 틀려도 담당자가 다 작성해주는 경우가 수두룩하기 때문입니다.

외모는 남에게 호감을 주는 정도면 족합니다. 제가 바바리코트를 참 좋아하는데, 바바리코트 입기를 좋아하면 금상첨화이겠습니다. 멸치젓갈을 좋아하는 여자이면 좋겠습니다. 제가 멸치젓갈을 너무너무 좋아하기 때문입니다. 김치도 멸치젓갈 진액을 넣어 담고, 부추김치도 멸치젓갈 듬뿍 넣은 것을 좋아하기 때문입니다.

제가 조용필 노래를 좋아하기 때문에 이왕이면 그녀도 조용필 노래를 좋아하면 좋겠습니다. 담배는 태워도 좋은데, 술은 못 마시는 여자이면 좋겠습니다. 분위기 깨지 않으려고 한 모금 입에 댔다 마는 정도의 실력이면 좋겠습니다. 혹시 술꾼이라면 앞으로 시간을 두고 노력해서 술을 끊겠다고 약속하면 상관없습니다. 제가 술도가와 아무 원한은 없지만 우리 아버지가 술 마시고 주정하는 데 너무 질렸기 때문입니다.

궁핍하게 살아본 경험이 한 번쯤 있으면 좋겠습니다. 그래야 세상 물정을 제대로 알고, 뭐가 소중한지를 제대로 알 것이라 생각합니다. 결혼에 한 번 실패해본 경험이 있으면 좋겠습니다. 그래야 결혼의 소중함도 알고, 다시 한번 새로운 기회가 주어지면 그때는 정말 잘 살아야지 하는 마음의 준비가 되어 있을 것이기 때문입니다. 저도 결혼에 실패한 경험이 있기 때문에 이제 다시 결혼을 하면 아내에게 잘할 마음가짐이 단단히 되어 있습니다.

혹시 너절한 친구 때문에 정식으로나 사사(私事)로나 춤을 배운 여자는 사양합니다. 다만 곗날 끝나고 우르르 몰려서 호기심으로 카바레에 한두 번 따라가본 정도라면 상관없습니다.

쓰레기 분리수거를 꼼꼼하게 하는 여자이면 좋겠습니다. 집에서 쓰레기 분리수거를 잘하는 것이 탑골공원에서 동강댐 반대 데모하는 것 못지않게 중요하기 때문입니다. 화학조미료를 싫어하면 좋겠습니다. 점이나 사주 따위에 별 관심이 없으면 좋겠습니다.

애완견을 미워하지 않으면 좋겠습니다. 제 딸이 애완견 쉬츠 암놈 한 마리를 키우고 있습니다. 개 이름이 '딱지'인데, 이미 우리 가족으로 편입되었습니다. 이웃에게는 정말 미안하고 죄스럽지만, 애완견에게도 배울 것이 많다는 점을 알았습니다. 제가 2년 가까이 말을 가르쳤기 때문에 제법 말을 알아듣는 아주 귀여운 놈입니다.

저축하는 습관이 몸에 배어 있으면 좋겠습니다. 아내가 가지고 있는 예금통장 넘볼 생각은 추호도 없습니다. 다만, 제가 땀 흘려 번 돈을 관리하고, 조금씩은 떼어 저축할 줄 알았으면 좋겠습니다.

사교성이 너무 좋아 가는 데마다 인기가 좋은 여자도 사양합니다. 이런 여자는 친구 하기는 좋을지 몰라도 함께 살 아내로서는 아주 부적당하다고 생각합니다. 그리고 마음씨가 너무 좋은 여자도 사양합니다. "마음씨가 좋은 년은 서방이 열둘이다"라는 옛말은 정말 명언이라고 생각합니다. 맺고 끊음이 좀 분명하면 좋겠습니다. 그러나 우체부

아저씨에게 시원한 음료수 정도는 대접한 경험이 있으면 좋겠습니다.

제가 시시콜콜한 이야기를 잔뜩 늘어놓았는데, 이 중에서 무엇보다 중요한 것은 남의 말을 귀담아 듣는 태도입니다. 위에서 든 여러 가지 조건들을 다 갖추었다 해도 이 한 가지가 부족하면 안 됩니다. 이는 위에서 말한 여러 가지가 다 맞지 않아도 남의 말을 귀담아 듣는 태도를 갖춘 분이라면 좋다는 뜻이기도 합니다. 남의 말을 귀담아 듣는 태도가 된 사람은 발전할 가능성이 항상 열려 있다고 보기 때문입니다.

내가 꿈꾸는 삶

저는 글을 쓰고 말을 하는 것이 직업입니다. 건강이 허락하는 날까지 열심히 글을 쓰고 강의(강연)도 할 생각입니다. 제 분수에 맞는 짝을 만나면 인도에 함께 가서 명상에 관한 공부를 좀 하고 왔으면 싶습니다. 저는 지금까지 약 50여 권의 책을 썼습니다. 그중에는 300만 권 쯤 팔린 책도 있습니다. 제가 죽기 전에 약 200여 권의 책을 쓸 생각입니다. 그래서 매일 열심히 공부하고 바쁘게 살고 있습니다.

우리 아버지는 술에 취해 돌아와서 술주정을 심하게 했고, 어떤 때는 어머니를 때리고, 발로 차고, 또 술상을 내팽개쳤습니다. 저는 그런 아버지 밑에서 자랐기 때문에 술을 마시지 않기로 결심했고, 그 결심을 이날까지 거의 지켜왔고, 앞으로도 그럴 참입니다. 그래서 저는 아내에게 항상 존댓말을 했습니다. 인격적으로 서로 존중하는 그런 부부생활을 하고 싶습니다.

그리고 또 한 가지 중요한 것은 삶에 대한 투명함입니다. 투명하지 않으면 의심하고, 의심하면 오해하고, 오해하면 불신하고, 불신하면 관계가 깨질 수밖에 없습니다. 삶이 어찌 100% 투명할 수야 있겠습니까. 그러나 가능한 데까지 투명하게 살려고 서로 노력해야 건강한 부부, 행복한 부부관계가 유지됩니다.

저는 문학청년일 때 순수한 사랑을 꿈꾸었습니다. 그런데 그로부터 30년이 지나고 나이 오십이 넘어도, 아직도 그 순수한 사랑을 꿈꾸고 있습니다. 혹시 이 공개구혼장을 계기로 제 분수에 맞는 사람을 만나면, 올해 말까지 교제를 하면서, 서로 주변 정리도 깔끔하게 하고, 내년 봄에 간단하게 식을 올리고 함께 살았으면 합니다.

꼭 중요한 한 가지가 빠졌습니다. 저는 제 자식들에게 빚진 게 하나 있습니다. 아들에게는 아빠가 엄마를 진정으로 사랑하는 모습을 보여주지 못한 것이고, 딸에게는 엄마가 아빠를 진정으로 사랑하는 모습을 보여주지 못한 것입니다. 제가 이혼을 하는 과정은 물론 그 뒤에 우리 세 식구가 살면서 어려움과 고통도 많았지만 비뚤어지지 않고 잘 자라준 착한 내 자식들에게 고맙게 생각하면서도 위의 빚은 항상 남아 있었습니다.

다행이 제 분수에 맞는 배필을 만나 재혼을 할 때까지 우리 딸이 시집을 가지 않으면 딸과, 군대 간 아들이 제대하고 돌아오면 아들과, 단 1년이라도 아니 1년이 길면 반년이라도, 아니 반년이 길면 단 한 달이라도 딱지까지 다섯이서 한집에 살았으면 좋겠습니다.

함께 살면서 아빠가 아내를 어떻게 사랑하는지 아들에게 본을 보여주고 싶습니다. 그리고 아내가 남편에게 어떻게 사랑하는지를 딸에게 본을 보여주었으면 좋겠습니다. 우리 자식들이 결혼하기 전에 부모에게 보고 배워서 아내를 진정으로 사랑하고, 남편을 진정으로 사랑해서 행복한 가정을 꾸려서 잘살기를 바랍니다.

끝으로 저에게 연락을 하고 싶으신 분은 큰 책방의 안내 컴퓨터에서 제 이름을 치면 제가 쓴 책 이름이 주르륵 화면에 뜨는데, 그중 두 권을 골라 읽었으면 합니다. 혹시 그럴 사정이 안 되는 분들을 위해 제가 몇 권을 소개하겠습니다.

- 〈여자는 알 수 없다〉, 칼럼집, 자유문학사
- 〈시인 함석헌〉, 연구서, 도서출판 명상
- 〈우리 엄마 회초리〉, 동시집, 도서출판 명상

이 중에서 적어도 두 권은 읽었으면 좋겠습니다.

더 많은 이야기를 하고 싶지만 지면 때문에 이만 줄입니다. 혹시 저에게 연락하고 싶으면 편지는 우편번호 130-110 서울 동대문구 장안동 373-6 황금오피스텔 XXX호로, 전자우편은 nowhss@hanmail.net으로 보내주십시오. 진실하고 성의 있게 보낸 우편물에는 반드시 답장을 해드리겠습니다.

-월간 〈샘이 깊은 물〉 2001년 8월호

"2년 정도 살아보고 결혼해야 한다."

그대가 결혼을 남들처럼 하는 것은 쉽고 안전하다. 그러나 진리의 길을 가려면 많은 대가를 치러야 한다. 대가를 치르면 치른 만큼 값비싸고 소중한 열매를 얻을 수 있다. 진리의 길을 가는 것은 대단히 위험할 뿐 아니라 경우에 따라서는 인생 전체를 걸어야 할 수도 있다.

그러니 남의 비판에 신경 쓰지 말라. 그대의 길을 가라. 그대가 좋아하는 일을 하라. 만일 고통이 따른다면 그 고통을 기꺼이 수용하라. 고통을 수용하는 것은 대가를 치르는 것이다. 대가를 치르는 것은 책임을 지는 것이다.

그대가 좋아하는 일을 할 때, 세상 사람들이 비난하더라도 개의치 말고, 그 비난을 수용하라. 반대로 사람들이 아무리 좋다 하더라도 그대가 좋아하는 일이 아니라면 그것은 아무 의미가 없다.

그대여, 결혼을 할 때는 1~2년 쯤 살아보고 하라. 결혼식을 먼저 올리고 허니문을 갖는 것은 대단히 어리석고 위험하다. 우리 사회는 결혼은 쉽게 하고 이혼은 어렵게 한다. 이것을 반대로 바꾸어야 한다. 결혼을 어렵게 하고 이혼을 쉽게 해야 한다.

결혼하려면 성숙해야 한다. 성숙이란 더 이상 로맨틱한 어리석음에 빠져 있지 않다는 것을 말한다. 현실적 삶을 이해하고, 그 삶에 따르는 책임을 제대로 질 각오를 해야 한다. 어떤 어려움도 감수하고 함께 살기로 결정한 사람들은 결혼생활이 온통 장밋빛 천국으로 이루어지기를 바라지는 않는다. 그들은 삶이 거칠고 힘들다는 것을 안다. 정작 살아보면 삶은 엄청 거칠다. 장미처럼 아름다운 순간이 더러 있기는 하지만 그것은 수많은 가시들 사이에 듬성듬성 피어 있을 뿐이라는 것을 알아야 한다.

제3부

진정한 용기는
세상이 아니라
자신을 정복하는 것이다

그대는 용기있는 사람인가?

진정한 용기를 가진 사람은 세상을 정복한 사람이 아니라 자기 자신을 정복한 사람이다. 삶은 전쟁이다. 세상과의 전쟁이고, 자신과의 전쟁이다.

그대는 용기있는 사람인가?

진정한 용기와 참된 전투는 외부에 있지 않다. 참된 전투는 내면에 있다. 알렉산드로스 대왕이 위대한 전사일 수는 있지만 본능을 따랐다는 점에서 그는 노예에 지나지 않는다. 나폴레옹 역시 위대한 군인이지만 자신의 분노와 욕망, 소유욕에 따랐다는 점에서는 보통사람들과 다를 바 없다.

그대는 용기있는 사람인가?

진정한 용기를 가진 자는 자신을 극복한 사람이다. 어떤 욕망도 그를 좌지우지하지 못하고 어떤 무의식적 본능도 지배할 수 없다. 그야말로 자신의 삶을 지배하는 참 주인이다.

그대는 용기있는 사람인가?

그대가 진정으로 용기가 있다면 다른 사람을 모방하지 않는 삶을 살아야 한다. 어떤 대가를 치르든 자신의 삶을 살아야 한다. 그대 자신의 삶을 살기 위해서 경우에 따라서는 목숨을 잃어야 할지라도 그럴 만한 가치가 있다.

그대는 용기있는 사람인가?

그대가 진정으로 용기가 있다면, 남의 말을 듣지 말고, 그대 자신의 삶을 살아라. 다른 사람처럼 옳게 사는 것보다 실수하더라도 그대 자신의 방식대로 사는 것이 더 낫다. 왜냐하면 다른 사람을 따라서 옳게 산다면 그 사람은 자기의 삶을 자기 방식대로 산 것이 아니기 때문이다.

그대는 용기있는 사람인가?

그대가 만약 자신의 방식대로 살다가 어떤 실수를 한다 해도 그대는 자신의 실수를 통해 많은 것을 배울 것이다. 인간은 원래 실수함으로써 성장하는 것이다. 그래서 실수는 그대에게 많은 이익을 가져다준다. 삶에서는 실수를 저지를 준비가 되어 있는 자만이 귀한 것을 배울 수 있다.

유신 반대 삭발,
중학교 교사 1호

1973년 그해 겨울, 한국신학대 학생들이 박정희 유신 독재정권에 반대한다는 뜻에서 모두 삭발을 했다. 그러자 그 대학 교수들이 학생들을 지지하는 뜻에서 모두 삭발을 했다. 그러자 그 대학 김정준 학장도 삭발했다.

함석헌 선생님께서 그 대학에 학생들을 격려차 들렀다가 돌아오는 길에 고려대 이발관에 가서 삭발했다는 소식이 여러 날 뒤에 부산의 작은 중학교 국어 선생인 내 귀에까지 들려왔다. 부산에서 함 선생님의 삭발 소식을 전해 듣고 나는 선생님의 삭발하신 모습을 상상하니, 내 몸 구석구석에서 피가 끓어올랐다.

젊은 날에 내게 큰 영향을 준 분이 함석헌 선생님이고, 내가 가장 흠모하던 분이 바로 함 선생님이다. 선생님을 처음에는 책으로, 나중에는 직접 만나게 된 것은 여간 행운이 아닐 수 없다. 내 삶의 틀거리를 형성하는 데 가장 큰 영향을 미친 분이 선생님이었다.

존경하는 선생님의 뜻에 따르고 지지하는 의미에서 나도 삭발할 것인가 말 것인가를 놓고 내 딴에는 많이도 생각하고, 많이도 망설였다. 부산의 이름 없는 중학교 국어 선생이 동조 삭발을 한다는 것이 그때 지방신문 1단 기사감도 되지 않는 일인 줄 알면서도, 내 딴에는 고민 깨나 했다.

내가 존경하는 선생님께서 박정희 유신 독재정권에 반대한다는 뜻에서 삭발을 하셨는데, 선생님의 사상에 공감하고 또 선생님을 흠모하는 제자가 어찌 선생님이 선택한 길에 동참하지 않는단 말인가! 유관순 같은 이는 나보다 더 어린 나이에 나라를 위해 목숨을 바쳤는데, 나는 목숨 바칠 용기까지는 없어도 삭발할 용기도 없다면 차라리 내 불알을 떼버리는 게 낫다고 생각하고, 드디어 삭발을 했다.

그때 나는 비틀즈보다 더 장발이었는데, 나의 삭발은 비록 중학교이긴 해도 큰 파문을 일으켰다. 요즘에야 분신자살하는 이도 많고, 화염병 던지는 이도 많아 투사, 열사 천국이 되었지만 그때만 해도 삭발은 대단히 용기 있는 사람 축에 들었던 시절이었다.

글쎄, 그때 중학교 국어 선생이 유신 독재정권에 반대한다고 삭발한 사람이 또 있었다는 소문을 나는 듣지 못했다. 만약 그렇다면 박정

당신에게 남은 시간이 많지 않다

희 유신 독재를 반대한다고 삭발한 중학교 교사 1호는 나일 것이다. 천만다행인 것은 그때 내가 무슨 생각을 하고 그랬는지 몰라도 하얀 한복 저고리를 입고 사진을 찍었던 것이다. 그 사진을 나는 아직도 잘 간직하고 있다.

"역사에 참여하면 이름 있는 돌이 되고 역사에 불참하면 이름 없는 돌이 된다."

잉카문명의 대표적인 유적들은 돌들로 이루어져 있다. 그 대표적인 것이 성의 일부로 남아 있다. 안데스 산맥 골짜기 여기저기 흩어져 있는 이름 없는 돌들과 성의 일부를 이루고 있는 돌은 그 가치와 의미가 엄청나게 다르다. 두 돌의 화학적 성분은 같지만 역사적 의미는 하늘과 땅만큼 다르다.

이처럼 차이를 나타내는 근본 이유는 역사에 참여했느냐 하지 않았느냐이다. 성의 일부를 이루고 있는 돌들은 역사에 참여했고 안데스 산맥에 흩어져 있는 돌들은 역사에 참여하지 않았다. 돌이 역사에 참여한 것은 자의에 의해서가 아니라 타의에 의해서이다. 석수의 눈에 띄었기 때문이다.

그러나 그대는 역사에 참여할 수도 있고, 참여하지 않을 수도 있다. 전적으로 그대의 의사에 따라 결정되는 것이다. 그대가 역사적 사건에 참여하는 순간 그대는 성의 일부를 이루는 의미 있는 돌이 되고, 역사적 사건에 참여하지 않는 순간 안데스 산맥 골짜기에 흩어져 있는 이름없는 돌로 전락하고 말 것이다.

재벌회장 아들에게 준
별난 선물

내가 국어 교사로 근무하던 G중학교는 신설 학교라 울도 없고 담도 없고 교문도 없을 정도였다. 그 무렵은 중학교를 뺑뺑이를 돌려 추첨했는데 우리 학교에 당첨되면 "재수 더럽게 없다"로 온 가족이 낙심할 정도였고, 불공을 드리거나 기도를 하는 엄마 중에는 우리 학교만 제발 걸리지 말라고 비는 이가 있을 정도였다.

그런데 공교롭게도 A 재벌그룹의 회장 아들이 우리 학교에 입학하게 되었다. 얘는 부산에서 가장 귀족학교라 할 수 있는 부산교육대학 부속국민학교를 다녔는데, 전교 어린이회장까지 한 쟁쟁한 아이였다. 이런 애가 재수 옴 붙어 우리 학교에 오게 된 것이다. 모르긴 해도 그

집안 분위기가 초상집 분위기였을 것이고 그들의 기분이 어떠했을지는 충분히 짐작이 가고도 남는다.

동료 교사들은 재벌회장 아들이 우리 학교에 왔다고 좋아라 하는 눈치였다. 그런데 공교롭게도 내가 1학년 담임을 맡았는데, 내 반에 그 아이가 배정되었다. 선생질 오래한 능구렁이 선생들은 나를 무척 부러워하는 눈치가 역력했다.

입학식날이 되었다. 그런데 재벌 회장은 코끝도 보이지 않았다. 회장은커녕 회장 사모님도 얼씬하지 않았다. 늙발에 낳은 자식이라 눈에 통째 넣어도 안 아플 놈인데, 그놈이 재수가 더럽게 없어 하필 부산에서 최고 똥통학교에 입학을 하다니 생각할수록 어처구니없는 일이 아닐 수 없었을 것이다. 이런 상상을 하니 내가 공연히 미안한 마음이 들었다.

입학식날 애가 혼자 왔는데 훤칠하고 미남이었다. 이름이 최병훈이었다. 부티가 나는 것이 과연 영락없는 부잣집 아들이었다. 반장 선거를 하는 날 투표 전에 나는 이렇게 말했다.

"오늘 반장에 당선되는 학생에게 당선을 축하하는 뜻에서 아주 귀한 선물을 줄 예정이다. 내가 주는 선물이 마음에 들지 않으면 받지 않아도 좋다."

투표가 끝났다. 최군이 압도적 표차로 당선되었다. 나는 최군을 불러 세워놓고 이렇게 말했다.

"축하한다. 아까 말했듯이 내가 귀한 선물을 하고자 한다. 이 선물은 자네 마음에 들지 않으면 받지 않아도 좋다. 만약 자네가 거절한다면 다른 학생에게 줄 것이다.”

그때 아이들에게 주는 선물은 만년필이나 공책, 사전 등이었다. 그런데 나는 이렇게 말했다.

“내가 주는 선물은, 우리가 사용하는 화장실 청소를 석 달 동안 하는 것이다.”

선물 발표를 하자 여기저기에서 비명이 터져나왔다. 너무나 뜻밖의 선물이라 반 아이들의 눈이 휘둥그레졌다. 최군도 눈이 휘둥그레졌다. 나는 낮은 목소리로 말했다.

“반장은 총채나 들고 다니면서 아이들 때리면서 청소 감독이나 하고 떠드는 애들 이름이나 적고 선생님 잔심부름이나 하는 것이 아니라, 모든 면에서 우리 반의 모범이 되어야 한다. 그러자면 반장인 자네가 우리가 쓰는 화장실을 깨끗하게 청소해 모범을 보이길 바란다.”

교실 안이 잠잠해졌다. 당황한 표정의 최군이 선뜻 대답을 하지 않기에 내가 물었다.

“왜? 이 선물이 마음에 들지 않니? 그렇다면 이 선물을 받지 않겠다고 말해라.”

“선생님, 고맙습니다. 받겠습니다!”

그러자 아이들은 약속이라도 한 듯이 손뼉을 쳤다. 나는 입가에 미소를 지으면서 말했다.

“최군, 화장실 청소를 어떻게 하는지 내가 시범을 보여줄까?”

"아닙니다. 시범을 보여주지 않아도 됩니다. 저도 화장실 청소를 잘 할 수 있습니다."

"좋아. 그럼, 오늘은 마음의 준비가 되어 있질 않으니, 내일부터 실시하도록."

이튿날 아침 나는 여느 때처럼 출근을 했다. 학교 운동장 한구석에 까만 고급 외제 승용차 한 대가 서 있었다. 나는 예사로 보고 교무실로 갔다. 교무실 문을 열고 들어서니 교감 선생 옆 의자에 앉아 있던 노신사 한 분이 자리에서 벌떡 일어서더니 나에게 다가와 거의 90도 각도로 머리를 숙여 인사를 하는 것이었다.

"송 선생님. 제가 병훈이 애빕니다. 용서해주십시오. 송 선생님 같은 훌륭한 선생님이 이 학교에 계시는 줄도 모르고 우리 병훈이가 추첨을 잘못했다고, 입학식날 찾아뵙지 않았는데, 정말 잘못했습니다. 저는 그동안 자식 여럿을 공부시키면서 수많은 선생님을 만났습니다. 그런데 송 선생님처럼 훌륭한 선생님은 처음 보았습니다. 송 선생님 같은 분이 계시는 이 학교에 제 아들이 입학한 것이 한없이 자랑스럽습니다. 선생님께 사과도 드리고 또 인사도 드릴 겸 해서 왔습니다."

그 뒤에 최군은 3개월 동안 불평 한마디하지 않고 화장실 청소를 잘했고, 최 회장은 우리 학교 전교생에게 멋진 운동화 한 켤레씩 선물을 하는 것을 시작으로 시청각실에 값비싼 교재에서부터 도서실 장서에 이르기까지 아낌없이 후원을 했다. ⌛

"피아노 칠 줄 알면 수강료 2배,
피아노 칠 줄 모르면 수강료 절반"

모차르트에게 피아노 지도를 받고자 하는 이들이 줄을 섰다. 그들에게 모차르트는 항상 이런 질문을 했다.

"당신은 전에 어디선가 피아노를 배운 적이 있습니까?"

있다고 대답하면 모차르트는 수업료를 두 배로 내야 한다고 했고 없다고 하면 수강료를 반만 내라고 했다. 누군가가 그에게 항의했다.

"선생님, 피아노를 전혀 안배운 사람에게는 수강료를 반만 내라고 하고, 피아노를 좀 배운 사람은 두 배로 내라고 하시는데, 그건 도대체 무슨 까닭입니까?"

모차르트가 대답했다.

"피아노를 이미 배운 사람들의 경우 그가 가지고 있는 잘못된 찌꺼기를 제거해야 합니다. 왜냐하면 잘못된 바탕 위에 올바른 것을 심을 수는 없기 때문입니다. 새로운 것을 심어주는 것보다 잘못된 뿌리를 뽑아내는 일이 더 힘든 작업입니다. 그 사람이 가지고 있는 모든 잘못된 것을 쓸어내는 일이 초짜에게 가르치는 것보다 훨씬 힘든 작업입니다."

당신에게 남은 시간이 많지 않다

사장 취임 다음날
호랑이굴에 가다

공병우타자기주식회사는 정부에서 정한 표준타자기를 한 대도 팔지 않고 오직 공병우타자기만 판매하는 회사라 여러 가지 난항을 예상하지 않을 수 없었다. 거기다가 정부의 한글기계화 정책을 정면으로 반대하고 공격하는 글자판 투쟁의 전초기지요 총본부 역할까지 해야 하니 갈 길은 멀고 첩첩산중이었다.

그 무렵, 기업을 하는 사람들이 가장 무서워하는 것은 호랑이도 아니고 물귀신도 아니고 소위 말하는 세무사찰이었다. 세무사찰을 당하고 세금폭탄을 맞으면 그것으로 폭삭 망하는 수도 있고 회사가 타격을 입고 비틀비틀하지 않을 수 없기 때문이었다.

나는 사장에 취임하자마자 그 다음날 종로세무서를 찾아갔다. 법인세과로 가 출입구에서 제일 가까이 있는 여직원에게 이렇게 말했다.

"제 이름은 송현입니다. 어제 공병우타자기㈜ 대표이사로 취임했습니다. 관할 세무서의 담당자에게 인사도 드릴 겸 부탁할 것이 있어 이렇게 왔습니다. 어느 분이 담당자이신지요?"

출입구 가까이 있던 여직원이 눈짓으로 가리키는 30대 초반의 젊은 이가 우리 회사 담당이었다. 그이 앞으로 가서 방금 전 여직원에게 말한 대로 똑같이 말했더니, 그이는 고개를 갸웃하면서 물었다.

"사장님께서 부탁하실 일이란, 어떤 부탁을 말씀하시는 겁니까?"

"저는 공병우타자기주식회사의 세무회계 문제를 100% 정직하게 할 생각입니다. 그래서 우리 회사의 세무 문제를 맡아서 관리해줄 유능한 세무사 한 사람을 추천해주셨으면 좋겠습니다. 선생님께서 추천해주시면 그분에게 저희 회사의 세무회계와 관련된 모든 자료와 장부를 맡기겠습니다."

"네에? 저에게 세무사를 추천해달라는 것입니까?"

그이는 내 부탁이 너무나 뜻밖인 모양이었다. 깜짝 놀라기도 하고 당황하기도 하는 것 같았다. 다들 어떻게 하면 세무서를 속일까 궁리하는 판인데, 관할 세무서 담당에게 와서 자기 회사 세무 장부와 관리를 맡길 세무사 추천을 해달라니, 놀라는 것은 너무나 당연한 일이 아닐 수 없었다.

그이는 나를 한번 찬찬히 훑어보았다. 잠시 무슨 생각을 했는지 입

당신에게 남은 시간이 많지 않다

가에 미소를 머금고 이렇게 말했다.

"사장님, 참 대단하십니다. 여기가 어딘데. 호랑이굴에 와서 그런 부탁을 하시다니요."

"선생님 친구 중에 세무사 하는 분이라도 좋고, 아니면 선생님께서 믿을 만한 세무사 한 분을 추천해주면 고맙겠습니다. 그분에게 우리 회사 입출금 전표 한 장도 속이지 않고 다 맡겨서 세무 문제를 정직하게 해달라고 부탁하겠습니다."

그이의 표정에는 내 말에 감탄하는 빛이 역력했다.

"사장님, 한번 생각해보겠습니다."

"고맙습니다. 적당한 분을 찾아 저에게 꼭 연락해주십시오. 그럼 오늘은 이만 돌아가고 다음번에 차라도 한 잔할 수 있었으면 좋겠습니다. 안녕히 계십시오."

일주일 쯤 뒤에 세무서 담당자에게서 전화가 왔다.

"사장님, 제가 아주 실력 있고 정직한 세무사 한 분을 추천하겠습니다."

그이는 그 세무사의 이력을 간단히 소개하고 이렇게 말했다.

"사장님, 그동안 제가 여러 세무사를 만나 보았는데, 이 분이 가장 실력 있고 정직합니다. 그러니 사장님과 코드가 잘 맞을 것 같습니다. 제가 그이에게 사장님 뜻을 전했더니, 그이도 사장님과 인연이 되면 최선을 다해서 잘 해보겠다고 하더군요."

"감사합니다. 그러면 제가 오늘 당장 그 세무사 선생님께 연락하겠습니다.”

전화를 끊고 나서 즉각 그 세무사에게 전화를 걸었다.

“선생님. 반갑습니다. 저는 공병우타자기 회사의 송현입니다. 앞으로 우리 회사의 세무회계 관련 업무를 모두 선생님께 맡기고 싶으니 잘해주시면 고맙겠습니다.”

그는 흔쾌히 수락했다. 다음 날 우리 회사 여직원을 보내 전표를 끊는 것부터 기초자료를 모으고 관리하는 요령을 배워오게 했다. 일주일 쯤 뒤에 세무서 담당자에게서 전화가 왔다.

“사장님, 안녕하십니까? 저도 사장님께 한 가지 부탁드릴 게 있으니 오늘 퇴근 무렵에 제가 사장님 회사에 잠깐 들려도 되겠습니까?”

“예. 좋습니다.”

퇴근 무렵에 그이가 왔다. 내 방에서 차를 마셨다. 이것저것 안부를 물은 뒤에 그가 말했다.

“사장님께 부탁드릴 것이 있는데, 꼭 좀 제 부탁을 들어주시면 감사하겠습니다.”

“뭔데요? 어려운 일이라면 몰라도 제가 할 수 있는 일이라면 들어드리겠습니다.”

“사장님께는 별로 어려운 일은 아닐 것입니다.”

“뭡니까?”

“제 친구 여동생이 하나 있는데, 여상을 나와서 취직을 못하고 놀고 있습니다. 주산과 부기는 잘하는데 얼굴은 별로고, 마음씨는 아주 착하고 정직합니다. 지금 시골에서 놀고 있는데, 사장님께서 어디 주위에 취식시켜 줄만한 곳이 있는지 알아봐주시고 가능하면 꼭 좀 취직시켜주시면 좋겠습니다."

참으로 뜻밖의 부탁이었다. 나는 술값 좀 달라는 부탁일 것이라 짐작했는데 전혀 뜻밖이었다. 내가 물었다.

"친구 여동생 취직 부탁을 왜 선생님께서 하십니까?"

"그 친구가 발이 좁아 아는 사람도 별로 없고, 취직 부탁할 만한 곳은 더더욱 없는 꽉 막힌 녀석입니다. 그래서 제가 대신 사장님께 부탁을 드리는 것입니다. 친구 여동생이 얼굴은 그리 예쁘지 않지만 마음씨 하나는 끝내줍니다. 아주 부지런하고 정직하게 일을 잘할 것입니다."

"글쎄요. 저도 아직까지 누구한테도 그런 부탁을 해본 적이 없습니다만 혹시 적당한 곳이 있는지 알아보겠습니다. 그러나 너무 기대는 마십시오."

"감사합니다. 사장님."

일주일쯤 뒤에 세무서 담당자에게서 전화가 왔다. 퇴근길에 우리 회사로 오겠다는 것이었다. 그래서 나는 난색을 표했다.

"죄송합니다. 아직 적당한 곳이 없어서 못 알아봤습니다."

그러자 그는 뜻밖의 말을 했다.

"아닙니다. 사장님. 긴히 드릴 말씀이 있습니다."

긴히 드릴 말씀이 있다는 사람을 물리칠 수가 없었다. 그가 말하는

‘긴히 드릴 말씀’이 뭔지 나도 궁금했다. 퇴근 무렵에 그이가 왔다. 그이는 자리에 앉자마자 마치 죄지은 사람처럼 의기소침하면서 ‘긴히 드릴 말씀’을 말했다.

“사장님, 죄송합니다. 사실은, 제가 부탁 드렸던 제 친구 여동생은 친구 여동생이 아니라 제 친동생입니다.”

“네에?”

나는 너무 뜻밖이라 놀라지 않을 수 없었다. 내가 물었다.

“그러면 처음부터 왜 여동생이라고 하지 않았습니까?”

“죄송합니다, 사장님… 그리고 사장님 주위의 다른 회사 말고 꼭 사장님 회사에 취직을 시켜주면 좋겠습니다.”

“그래요?”

점입가경이었다. 나는 아주 부담스러워졌다. 내 표정이 굳어졌다. 이런 내 표정을 그도 읽었을 것이다. 나는 여기서 물러설 수 없었다.

“죄송합니다. 우리 회사에는 여상 나온 여직원이 더 이상 필요하지 않습니다. 지금 일 잘하고 있는 여직원을 내보낼 수도 없고, 앞으로 오랫동안 증원할 계획도 없습니다. 정말 죄송합니다.”

나는 이쯤에서 그가 물러설 줄 알았다. 그런데 그는 참으로 뜻밖의 말을 했다.

“사장님. 제 여동생을 꼭 사장님 회사에 취직시키고 싶습니다. 사장님처럼 훌륭한 분 밑에서 매일 잔심부름하고 청소만 해도 배울 것이 많으리라 생각합니다. 집이 가난해서 시골에서 여상밖에 못 나왔기에

당신에게 남은 시간이 많지 않다

사장님처럼 훌륭한 분 밑에 있으면 사소한 것부터 중요한 것에 이르기까지 얼마나 많이 배우겠습니까! 그러니 반드시 사장님 회사에 취직을 시켜주시면 좋겠습니다."

"저에 대해 호의적으로 생각하고 우리 회사를 좋게 생각해주어서 고맙습니다. 그러나."

그 순간 그는 내 말을 가로막으면서 더 뜻밖의 말을 했다.

"사장님 회사에 여직원 자리가 없다는 것은 잘 알고 있습니다. 그래도 상관없습니다."

"자리가 없는 데도 상관없다니요?"

"제 여동생 월급은 제가 사장님께 몰래 보내드리겠습니다. 그러니 사장님께서는 한 푼도 안줘도 됩니다. 오직 사장님 회사에서 심부름하고 청소하는 일만 시켜도 좋습니다."

"아아!"

나는 비명을 지르지 않을 수 없었다. 여동생에게 이렇게 멋지고 아름다운 배려를 하는 오빠가 이 세상에 또 있을 것 같지 않았다. 나는 그 오빠에게 감동했다.

"선생님, 참 멋진 오빠입니다. 저는 여동생을 보지는 않았지만, 오빠를 보니 여동생을 대충 알 것 같습니다. 참 멋진 오빠입니다."

일주일 쯤 뒤에 그녀가 우리 회사에 첫 출근을 했다. 그녀는 얼굴도 예쁘고 마음씨가 비단결 같았다. 상냥하고 부지런하고 정직하고, 지혜로워 직원들에게 인기가 대단했다. 그달 월말이 가까워지는 어느

제3부 진정한 용기는 세상이 아니라 자신을 정복하는 것이다

날 그녀 오빠에게 전화를 걸었다.

"내일모레면 우리 회사 월급날입니다. 회사에서 정식으로 월급을 지급하기로 했으니, 그리 아시기 바랍니다."

그녀 오빠는 비명을 지르는 것 같았다.

"아!"

그녀를 볼 때마다 이 지상에서 가장 멋진 오빠를 가지고 있는 그녀가 부러웠다. 

"인생을 알려면 도박사가 되어라."

온갖 두려움이 있어도 계속해서 도전을 받아들인다면 그 두려움은 천천히 사라져버린다. 미지의 것과 더불어 발생하는 희열은 그대를 강하게 만들고 그대에게 일체감을 가져다주며 그대의 지성을 예리하게 만들어준다.

그대는 인생이 지루한 것이 아니라 모험이라는 사실을 알아야 한다. 그렇게 되면 두려움은 천천히 사라진다. 그리고 그대는 항상 모험을 찾아나서게 된다. 모험을 하려면 용기가 있어야 한다.

용기는 미지의 것을 위해 기지의 것을 버리고 익숙하지 않은 것을 위해 익숙한 것을 버리고 안락하지 않을 것을 위해 안락함을 버리면서 미지의 목적지를 향해하는 험준한 순례이다. 그런 순례를 잘 해낼 수 있을지 아무도 모른다. 그 순례는 도박이다. 도박사들은 도박을 알고 도박과 같은 인생도 안다.

청와대에 가서 내가 말한 첫마디
"저를 청와대로 오라고 한 것이 잘못입니다"

1982년 12월 어느 날의 일이다. 나는 졸저 〈한글기계화 운동〉을 전두환 대통령에게 보내기로 마음먹었다. 나는 대충 다음과 같은 요지의 편지를 동봉해 1982년 12월 말일에 등기로 부치면서 1983년 새해 아침에 도착될 것이라고 기대했다.

"저는 한글기계화를 10여년 넘게 연구한 송현입니다. 저의 연구에 의하면, 한글기계화 정책의 잘못으로 한글기계화가 영영 돌이킬 수 없는 궁지에 빠져 있습니다. 관계관에게 졸저를 검토하게 하셔서, 만약 저의 지적이 사실이라면 하루빨리 한글기계화 정책을 바로 잡아주시기 바랍니다."

　1월 하순쯤에 청와대 민정비서실에서 나에게 연락이 왔다. 청와대 민정비서실로 들어오라는 것이었다. 나는 청와대로 들어가면서 가슴이 설레었다. 청와대에서 나를 찾는 것을 보니, 이제 한글기계화 글자판 통일도 눈앞에 다가왔구나 하는 기대를 했다.

　김 모 민정비서관이 나를 맞았다. 인사를 나눈 뒤에 내가 웃으며 말했다.

　"김 비서관님께서 일을 잘못하시는 것 같습니다."

　그가 깜짝 놀라는 표정을 지었다.

　"네에?"

　나는 그가 내 말을 못 알아들은 줄 알고, 아까보다 조금 더 큰소리로 말했다.

　"김 비서관님께서 일을 잘못하시는 것 같습니다."

　"뭐라구요? 내가 뭘 잘못했다는 겁니까!"

　김 비서관의 표정이 금세 일그러졌다. 분위기가 험악해지기 직전이었다. 나는 차분하게 말했다.

　"사실, 실수일 것이라고 짐작됩니다만, 저를 청와대로 오라고 한 것이 잘못입니다."

　"?"

　나는 계속해서 말했다.

　"저를 청와대로 오라고 할 것이 아니라 김 비서관님께서 제 사무실로 찾아오셔야 한다고 생각합니다. 김 비서관님께서 저에게 찾아와

당신에게 남은 시간이 많지 않다

한글기계화 정책이 대단히 잘못된 것 같은데, 어떻게 하면 바로잡을
수 있을지에 대해 조언을 좀 해주십시오 라고 해야 하는 것 아닙니
까?"

그러자 그가 긴장을 풀고 빙그레 웃으면서 대번에 나의 말이 옳다
고 했다. 나는 두어 시간 가까이 박정희 정권 때 만든 현행 표준자판
이 비과학적이니 하루 빨리 폐지하고 과학적인 공병우식을 표준자판
으로 정하는 것이 국가를 위해서 바람직한 일이라는 요지의 조언을
해주고 청와대를 나왔다.

다음 날 아침 김 비서관이 내게 전화를 걸어왔다.

"송현 선생님, 어제 정말 실례가 많았습니다. 사과하는 뜻에서 제
가 대포를 한잔 대접하고 싶습니다……."

그는 자기가 잘 가는 신촌 무슨 요리집에서 나에게 저녁 대접을 하
겠다고 했다. 주말에 신촌 요리집에서 만나 코가 비뚤어질 때까지 술
을 마셨고 마침내 그와 친해지게 되었다.

나중에 알고 보니 김 비서관은 대단히 진지했고 또 우호적이었다.
그는 내가 쓴 〈한글기계화 운동〉을 밤을 새워 다 읽고는 과학기술처
의 담당 공무원의 한심한 처사에 공분을 느껴 이튿날 아침 당장 과학
기술처의 담당관 황해룡이란 사람이 도대체 어떤 사람인지 알아보았
다. 그런데 그는 이미 1년 전에 미국으로 이민을 가버렸다고 하더라는
이야기도 해주었다.

나는 청와대를 드나들면서 한글기계화 정책의 잘못과 올바른 방향

등에 대해 조언과 자문을 해주었다. 한글기계화의 잘못을 바로잡는 방법은 청와대에서 직접 지시하는 길이 가장 빠른 길이라고 말해주었다. 그동안 관계 당국에 수없이 많이 건의하고 청원하고 진정했지만 모두 무책임한 공문서 한 장으로 묵살당한 것을 설명하고, 이런 한심한 풍토를 개탄했다. 그러니까 길은 청와대에서 지시하는 것뿐이라고 말했다. 그러자 김 비서관은 상부에 진상을 보고해서 올바르게 하는 일에 최선을 다하겠다고 약속했다. 나는 그동안 나의 젊음을 다 바쳐 투쟁해온 글자판 통일이 이제 눈앞에 다가왔구나 하는 생각이 들어 한없이 기뻤다.

"지혜가 삶의 모든 벽을 허물게 한다."

황제가 궁전 벽에 줄을 하나 쓱 긋고는 신하들에게 말했다.

"잘 들어라, 지금부터 그대들은 내가 이 벽에 그어놓은 줄을 짧게 만들 수 있는 방법을 찾아라. 단 이 줄에 손을 대서는 안 된다."

신하들은 불가능하다고 생각했다. 손을 대도 좋다면야 누구나 할 수 있지만 손을 대지 않고는 절대 불가능하다고 생각했다. 그때 백발의 성자가 나섰다. 그는 궁전 벽 쪽으로 성큼성큼 다가갔다. 사람들은 다들 궁금했다. 성자는 그 줄 밑에 줄을 길게 하나 더 그었다.

유신법정에서 증언한
장관의 10가지 거짓말

1979년 9월, 제98회 정기국회 때의 일이다. 당시 신민당의 고흥문 의원은 최형섭 과학기술처 장관에게 한글타자기 표준글자판의 비과학성과 제정 과정의 잘못을 따지는 질의를 했다. 다급해진 최 장관은 부하 직원이 써준 자료를 토대로 본의 아니게 거짓말을 하고 말았다. 그러나 고흥문 의원은 그것이 너무나 전문적인 문제인 데다가 장관의 대답이 두루뭉수리하면서도 교묘했기 때문에 그만 깜빡 속고 말았다.

그래서 나는 국회 속기록을 급히 입수해 장관의 잘못된 말을 찾아 분석 검토한 뒤 〈장관의 허위 발언을 규탄한다〉는 성명서를 발표하고, 이를 유인물로 만들어 전국에 뿌렸다. 나는 그 유인물에서 장관이 사과를 하든지 해명을 하라고 주장했다.

그리고 또 한편으로는 〈주간 시민〉이란 신문에 '장관이 거짓말을 하는 세상' 이란 칼럼을 써서 장관을 정면으로 공격했다. 이런 내 글을 실어준 그 신문은 무슨 이유에선지 두 주일 후에 폐간이 되고 말았다. 사실 그 무렵에는 상식으로 이해되지 않는 일들이 너무나 많았다. 그 무렵 사람들은 말 안 해도 알 만한 것은 다 알고 있었다.

내가 유신체제 아래에서 독재권력과 그토록 용기 있게 싸울 수 있었던 것은 남다른 용기가 있어서라기보다 과학적 진리는 반드시 승리한다는 확신 때문이었다. 그때 나와 함께 한글기계화 글자판 통일(한글타자기에서 컴퓨터에 이르기까지 글자판을 과학적인 글자판 하나로 통일하는 것을 말함) 운동을 하던 동지들과 의논 끝에 과학기술처에서 엉터리 글자판을 강행하는 것을 견제하는 방법의 하나로 상공부 표준국에 민간에서 제정한 '민간통일판' 으로 KS 신청을 내기로 했다.

그때 나는, 비록 과학기술처에서는 글자판 정책을 엉터리로 하지만 상공부에서는 올바로 할지 모른다는 실오라기만한 희망과 기대를 갖고 있었던 것이다. 만일 상공부에서도 과학적인 주장을 받아들이지 않는다면 행정재판을 해서라도 끝까지 싸울 생각이었다.

그래서 한글기계화촉진회 대표 주요한, 민족문화협회 대표 이은상, 한글전용국민실천회 대표 전택부, 문장용타자기연구회 대표 송현, 공병우한글기계화연구소 대표 공병우를 비롯한 13개 문화단체에서 주축이 되어 제정한 과학적인 민간통일판으로 상공부에 KS 신청을 제출했다. 그러나 상공부에서는 정당한 이유 없이 이를 기각했다.

그러자 주요한 박사가 회장으로 내가 부회장으로 있던 한글기계화촉진회가 원고가 되고, 상공부 장관이 피고가 되는 행정소송을 제기했다. 이때 조영황 변호사가 법정 대리인을 맡아주었다.

예나 지금이나 국가를 상대로 한 행정소송에서 이긴다는 것은 그리 쉬운 일이 아니었는데, 특히 유신 독재정권에서 장관 상대의 행정소송에서 이긴다는 일은 낙타가 바늘구멍에 들어가는 것보다 더 힘든 일인 줄을 나도 잘 알고 있었다.

마침내 유신 독재정권의 과학정책과 싸우는 행정재판이 진행되었다. 과학기술처가 표준판을 제정할 때 허위 보고서를 작성했다는 것과 날치기로 만들었다는 등 과학기술처의 잘못을 증언할 증인을 세워야 한다는 연락이 우리측 변호사로부터 왔다. 그러자 누구를 증인으로 내세울까 의논 끝에 내가 가장 적임자로 판명이 났다.

그때 나는 통금 위반조차도 해본 적이 없었다. 그런 내가 법정에 나가 장관의 잘못을 증언한다는 것은 큰 용기와 단단한 각오가 필요했다. 나처럼 평범한 일개 시민이 관과 맞선다는 것은 누가 보아도 무모한 짓임이 틀림없었을 것이다.

나는 여러 날을 망설였다. 별 생각을 다 해보았다. 만약 법정에서 과학기술처 장관의 잘못을 증언한 것이 화근이 되어 어떤 곤경이나 위험에 빠진다고 해도 한글기계화 글자판 통일이라는 민족적 대과업을 위해서라면, 그것은 해볼 만한 충분한 가치가 있는 일이라고 생각했다. 그래서 나는 증언대에 서기로 결심하고 나의 결심을 변호사에게 알려주었다.

나는 산더미 같은 많은 자료들을 놓고 여러 밤을 새우면서 연구했다. 법정에 서서 과학기술처의 잘못을 증언하는 데 도움이 될 각종 자료를 찾아내 그것을 요약 정리했다. 그리고 만약의 경우를 대비해 되도록 많은 증거물을 수집하고, 이를 체계적으로 정리했다. 그때 나의 아버지는 병환에 계셨다. 나는 병간호 등의 이유로 부산에서 살고 있었다. 공판이 열리기 하루 전날 각종 자료를 넣은 커다란 가방을 들고 서울행 밤 열차를 탔다.

나는 위증을 하면 어떤 처벌도 받겠다는 선서를 하였다. 증언대에 선 것은 자연인 송현이 아니었다. 당대를 살던 이름없는 민중, 저 들풀 같은 민중을 대표한 송현이 독재권력 앞에 선 것이다. 자연인 송현이라면 무슨 용기로, 무슨 힘으로 유신체제에서 장관을 단죄하러 설 수 있단 말인가.

나는 긴장하고 흥분해 숨이 턱까지 차올라 가슴이 답답했고 얼굴은 창백해졌다. 그런데 선서를 하는 순간 도리어 마음의 평정이 와서 나의 태도는 당당해질 수 있었다. 순간, 나는 이 증언대에 섰던 수많은 사람들을 상상해보았다. 그중에서 장관의 잘못을 증언하기 위해 선 사람은 그리 많지 않았을 것이라고 생각되었다.

내가 법정에 섰던 그날은 한글기계화 역사에서 매우 뜻깊은 날이기도 하다. 민이 관에 맞서서 과학적 진리를 입증하기 위해 눈물겨운 투쟁을 해온 마지막 장이 열리는 날이었으며, 국민이 이 나라 과학 정책을 믿어주느냐 마느냐를 판가름하는 날이었기 때문이다.

법은 국민이 기대하는 마지막 보루이고 유일한 희망이다. 나는 판결에 조금도 기대하지 않았다. 아니, 나뿐 아니라 어느 누구라도 기대하지 않았을 것이다. 나의 부모님께서 없는 살림에 소 팔고 논 팔고 비전박토 팔아 나를 공부시킨 것은 '예할 때 예하고, 아니오할 때 아니오할 줄 아는' 올바른 사람이 되라는 희망 때문이었을 것이다. 나도 내가 처한 자리에서 내게 주어진 몫을 어느 정도 감당한다는 자부심을 갖고 선 것이다.

후일 역사에 "그 유신독재의 서슬이 시퍼렇던 시절에도 모든 사람이 겁쟁이는 아니었으며, 과학의 진리를 위해 이렇게 싸운 사람도 있었다"라는 평범한 단 한 줄의 기록을 남기기 위해서, 부질없는 짓인 줄 알면서도 굳이 증언대에 선 것이다.

그날 내가 증언한 것 중에서 아직 공개하기 이른 것과 아주 지엽적이고 전문적인 부분을 빼고 몇 가지를 소개하면 다음과 같다.

1. 현행 표준자판은 타자기의 '타'자도 모르는 비전문가들이 만들었다.
2. 과학기술처가 표준자판을 만들 때 신중히 검토하지 않고 졸속으로 만들었다.
3. 공청회를 열고 떳떳하게 해야 하는데도 불구하고 단 한번의 공청회도 열지 않고 비밀리에 했다.

제3부 진정한 용기는 세상이 아니라 자신을 정복하는 것이다

④ 공청회를 한 것 같은 인상을 주기 위해 의견청취회란 것을 열었는데 그것 조차도 비밀리에 했다.

⑤ 의견청취회에 참가한 진짜 전문가들이 5가지 결함을 지적했는데도 불구하고 과학기술처는 하나도 받아들이지 않았다.

⑥ 과학기술처가 허위보고서를 작성해 국무위원을 속였다.

⑦ 과학기술처가 자기들이 만든 표준판의 결함을 감추려고 숫자를 조작하고 통계를 엉터리로 해서 허위 보고서를 썼다.

⑧ 과학기술처의 잘못으로 그동안 10년이란 세월이 흘렀는데도 한글기계화가 제자리걸음을 하고 있다.

⑨ 과학기술처의 잘못으로 막대한 국고금 손실과 안보상 허점을 안고 있다.

⑩ 과학기술처는 표준판에 대한 비판의 글을 쓴 학자를 위협하고, 또 이를 실은 잡지사를 폐간시키는 등의 잘못을 자행했다.

⑪ 그밖

　내가 조목조목 과학기술처의 잘못들을 증언할 때, 법정은 그야말로 찬물을 끼얹은 듯이 조용했으며 판사의 표정도 침통해보였다. 나는 이따금 곁눈으로 방청석을 보았는데, 방청객들의 표정이 증언하는 나보다 더 긴장되어 있는 것처럼 보였다.

　나는 과학기술처의 잘못들을 입증하는 자료를 많이 준비해 가지고 증언대에 섰기 때문에 판사가 어떤 질문을 하더라도 나의 주장을 입증할 자신이 있어 조금도 두렵지 않았다. 그날, 나는 두 가지 새로운 사실을 알고 무척 놀랐다. 내가 놀란 것의 하나는 배석 판사가 증인에게 반말을 찍찍 해대는 것이었다. 그때까지 나는, 판사라면 교양도 어느 정도는 갖춘 사람인 줄 알고 있었다. 그런 나로서는 죄인도 아닌

당신에게 남은 시간이 많지 않다

증인인(설령 죄인이라 해도 판사가 반말을 해야 할 권리는 없다) 나에게 반말을 찍찍 던지는 몰상식한 행동을 보고 경악을 금치 못했다.

나는 그때 매우 불쾌했다. 그래서 "야, 이 한심한 작자야, 어디다 대고 함부로 반말질이냐! 너 같은 것들이 법조인 망신을 다 시키는구나!"라고 호통을 쳐주고 싶었다. 그래서 이 말이 턱 밑에까지 차오르는 것을 참느라 애를 먹었다.

그리고 또 한 가지는, 법정에서 신문의 기사는 증거로 인정해주지 않는다는 사실이었다. 딴 나라도 그러는지, 우리나라 신문만 공신력이 없어선지 몰라도 신문의 자료는 증거 능력이 없다는 사실을 알고, 그동안 신문을 신뢰했던 내가 얼마나 순진했던가 하는 생각과 신문 만드는 사람이 크게 각성을 해서 공신력을 회복해야겠구나 하는 생각이 들었다. 그 재판에서 우리가 졌다.

그런데, 사실은 우리가 진 것이 아니라 민중이 진 것이고, 과학적 진리가 진 것이다. 그래서 나는 결코 졌다고 생각하지 않았다. 나의 이러한 생각은 지금도 변함이 없으며, 이 투쟁은 아직도 끝나지 않았다. 그때 잘못된 과학 정책은 아직도 갈팡질팡하고 있으니 이 나라 앞날이 무척 걱정스럽다. ⧗

"사람이 죽으면 갑자기 성인이 되고 위대한 인물로 만드는 것은 속임수이다."

사람이 죽으면 죽은 이를 아름답게 치장한다. 살아 있을 때보다 더 아름답게 보이도록 곱게 치장을 한다. 치장을 하고 나면 죽은 것이 아니라 죽은 시늉을 하고 있는 것처럼 보인다. 치장은 그를 살아 있는 사람처럼 보이게 한다. 심지어 비석에도 "그는 죽지 않았다. 다만 잠들어 있을 뿐"이라고 적는다. 어느 누구도 그가 죽었다고 말하지 않고 "신의 품으로 돌아갔습니다. 신이 그를 선택해 부른 것입니다. 그는 천국에 있습니다"라고 한다.

어느 누구도 죽은 사람에 대해 거슬리는 말을 하지 않는다. 별 대단치도 않은 사람이 죽으면 갑작스레 성인이 되고, 갑작스레 위대한 인물로 변한다. 살아 있을 때는 분명히 별 볼일 없었는데 죽는 바람에 갑자기 너무나 소중한 존재가 되고 만다. 하지만 그가 살아 있는 동안에는 어느 누구도 그에게 관심을 보이지 않았다. 이런 것들은 모두 속임수이다.

당신에게 남은 시간이 많지 않다

문학세미나 주제 발표 대신
노래를 부르다

언젠가 무슨 문학단체에서 주관하는 세미나에 내가 주제 발표를 하러 갔다. 청량리에서 모여 대절한 버스를 타고 목적지로 떠났다. 그날이 마침 주말이라 그런지 길이 막혀 예정 시간보다 두 시간이나 늦게 행사장에 도착했다. 원래는 두 사람이 주제 발표를 먼저 한 뒤, 저녁식사를 할 참이었는데, 두 시간이나 늦게 도착한 바람에 다들 배고프다고 아우성을 쳐 스케줄을 바꾸지 않을 수 없었다.

저녁식사를 먼저 하고 난 뒤에 주제 발표를 하기로 했다. 평상시에는 식당으로 쓰는 마당에 간이 천막을 치고 그 아래 평상을 깔아 자리를 만들었다. 그곳에서 식사가 끝나고 난 뒤에 주제 발표를 하게 되었다. 무슨 대학의 김 아무개 박사가 먼저 주제 발표를 했다.

나는 끝자리에 앉아서 주제 발표를 들었다. 그런데 한쪽 구석에서는 방금 백여 명이 먹은 음식 그릇을 설거지하느라고 딸그락거렸고, 청중들도 막 식사를 한 탓인지, 너무 무더워 그런지, 주제 발표가 시원찮아서인지, 마이크 성능이 나빠선지 다들 귀담아 듣지 않는 것 같았다. 심지어 어떤 사람은 졸고 있었고, 어떤 사람은 옆 사람과 소곤대고 있었다.

나는 초등학교의 운동장 조회가 생각났다. 월요일이면 전교생이 모이는 조회를 운동장에서 했는데 늘 교장선생님이 훈화를 했다. 아이들은 처음 한두 마디 정도는 듣는 둥 마는 둥 하다가 나중에는 다들 듣지 않고 옆 동무와 장난을 치거나 발로 땅바닥에 그림을 그리거나 했다. 그래도 교장선생님의 훈화는 끝이 없었다. 훈화가 길어지면 질수록 듣는 애는 줄었고, 마침내는 전교생 중에 듣는 애가 몇 명 될까말까했다. 그럴 때마다 나는 교장선생님이 딱했다. 어쩌면 저렇게 아무도 듣지 않는 이야기를 계속 할까? 마침내 교장선생님이 딱하다 못해 바보처럼 보였다.

김 박사는 귀담아 듣는 이가 몇 명되지도 않는데도 주제 발표를 계속하고 있었다. 김 박사의 주제 발표가 끝나고 나면 내가 주제 발표를 할 것을 생각하니 앞이 캄캄했다. 나라고 무슨 용빼는 재주가 있는 것도 아니니 대부분의 청중들이 듣지 않을 것은 뻔했다. 그런 상상을 하니 정말 난감했다.

당신에게 남은 시간이 많지 않다

마침내 내 차례가 되었다. 나는 단상에 올라가 마이크를 잡고 이렇게 말했다.

"여러분 반갑습니다. 저는 김 박사님께서 주제 발표를 할 때 저쪽 끝자락에서 앉아 있었습니다. 한쪽에서는 설거지한다고 시끄럽고, 마이크는 노래방 수준의 마이크고, 막 저녁 먹은 뒤라 배가 불러 졸려 그런지 귀담아 듣는 사람이 별로 없었습니다. 제가 주제 발표를 해도 여러분이 귀담아 듣지 않는다면 하나마나가 아닙니까!

많은 청중들이 귀담아 듣지 않을 것을 뻔히 알면서 주제 발표를 한다는 것은 어리석은 짓이라고 생각합니다. 그래서 이런 제안을 하겠습니다. 제가 하고 싶은 말은 여러분에게 미리 나눠드린 유인물에 다 나와 있습니다. 여러분이 유인물을 찬찬히 한번 읽어보면 다 알 수 있을 것입니다. 그러니 제가 주제 발표 대신 차라리 노래를 한 곡 부르는 게 어떻겠습니까?"

그 순간 여기저기에서 환호성이 터져나왔다.

"옳소!"

"좋아요!"

사람들이 다들 좋아라고 했다. 거의 만장일치였다. 그러나 나는 이렇게 말했다.

"저도 문학단체의 장을 해본 적이 있습니다. 그래서 회원과 회장과는 서로 생각이 좀 다를 수 있습니다. 여러 회원님들은 제가 주제 발표 대신 노래하는 것에 찬성을 했지만 회장님의 생각은 좀 다를 수 있습니다. 회를 대표하는 회장님께서 반대를 하신다면 아무리 회원 여러분이 만장일치로 찬성해도 제가 노래를 부를 수 없습니다. 그래서 회장님 의견을 여쭈어 보겠습니다. 회장님이 승낙을 하면 그때 노래 부르는 것이 좋지 않습니까?"

사람들이 다 환호성을 질렀다. 앞자리에 앉아 있는 회장님께 여쭈어 보자 회장님은 빙그레 웃으면서 손을 흔들며 말했다.

"좋아요."

사람들이 다들 좋아라고 환호성을 질렀다. 나는 이렇게 말했다.

"회장님께서도 허락을 하셨으니, 주제 발표 대신 노래를 하겠습니다. 그런데 두 가지 부탁이 있습니다. 하나는 오늘 제가 노래 불렀다는 말을 밖에 나가서 절대로 소문을 내지 않겠다고 약속해야 합니다. 주제 발표 안 하고 노래를 불렀다는 소문이 나면 이 회의 체통이 뭐가 되고 회장님 입장이 뭐가 되겠습니까. 그러니 밖에 나가서 절대로 소문 내지 않겠다고 약속해주세요."

사람들이 다들 "소문 안 낼게요"라고 큰소리로 외쳤다.

"또 한 가지 부탁이 있습니다. 제가 인사동 이모 포장마차 전속가수인데 제 노래를 듣고 노래 잘한다고 절대로 소문을 내지 말기 바랍니다. 제가 지금 여러 가지 일로 바쁜데 노래 잘한다는 소문까지 나면 여기저기서 노래하러 오라고 하면 일일이 다 갈 수 없으니, 서로 난처할 것입니다. 그러니 절대로 제가 노래 잘한다고 소문 내지 않겠다고 약속해주세요."

여기저기서 폭소가 터져나왔다. 다들 소문 안 내겠다고 약속을 했다. 그래서 이렇게 말했다.

"감사합니다. 그러면 노래를 부르겠습니다. 이왕 하는 김에 앵콜곡까지 두 곡을 연달아 부르겠습니다."

또 폭소와 함성이 터져나왔다. 마침내 나는 가슴에 손을 얹고 조용필의 '상처'와 최희준의 '빛과 그림자'를 미련없이, 후회없이 열창했다. 그 자리에 있던 사람들이 다 뒤집어졌다. 나는 그날 저녁 졸지에 스타(?)가 되었다. 그때 만약 김 박사처럼 주제 발표를 꾸역꾸역했더라면 절대로 박수갈채를 받지 못했을 것이고 스타도 되지 못했을 것이다. 한국문단 이면사의 전설(?)이 된 그날의 그 감동적인 순간을 잊을 수 없다.

"바보는 현명한 자들이
말하지 못하는 것을 말한다."

위대한 왕은 궁정에 바보를 두곤 했다. 바보는 현명한 자들이 말하지 못하는 것을 더러 말한다는 이유 때문이다. 바보는 순진해서 진실을 간단하게 말해버린다. 현명한 자들은 교활해서 진실을 말하지 않고 그저 마음에 드는 말만 한다. 그것은 대부분 거짓말이다.

사람들은 거짓말 속에서 살기 때문에 거짓말은 상당한 호소력을 지닌다. 특히 궁정에서는 온갖 종류의 거짓말이 난무한다. 왕은 여러 사기꾼과 온갖 교활한 자들에게 둘러싸여 있었다. 그래서 바보가 필요했던 것이다. 바보는 교활하지 않고 어떤 경우라도 정직하게 말한다.

바보가 반드시 무식한 사람은 아니다. 바보는 위대한 학자일 수도 있고, 유명한 교수일 수도 있다. 철학박사 혹은 문학박사 학위를 가지고 있을 수도 있다. 사실 바보들 외에 누가 박사학위 따위에 관심을 가질까?

수습 기간
인정할 수 없습니다!

내가 40대 중반엔가 어떤 회사에 새로 생기는 부서 책임자로 와 달라는 제의를 받았다. 그 회사의 사장은 대단히 덕망이 높은 훌륭한 분으로 그동안 주력해온 사업 외에 새로운 사업을 구상하고는 그 일을 맡길 책임자를 찾고 있다가 나에게 그 일을 맡아서 잘해줄 수 있느냐고 물었다.

뜻밖의 제의를 받고 나는 선뜻 결정을 내리지 못했다. 우리는 여러 차례 만나 사업에 대해 대화를 나누면서 서로를 탐색했다. 사장은 나에게 그 일을 맡길 것인가 말 것인가를, 나는 그 일을 맡을 것인가 말 것인가를 탐색했다. 그러구러 서너 달이 지났다. 서로 저울질할 만큼

한 끝에 어느 날 사장이 단도직입적으로 물었다.

"송 선생, 대우를 어떻게 해드리면 되겠습니까?"

그러면 그 시절에는 대부분 이렇게 말했다.

"회사 방침에 따르겠습니다."

아니면 이런 겸손파도 있다.

"아직 제 능력을 발휘하지도 않았으며, 과연 그 일을 제가 잘할 수 있을지도 모르고, 얼마를 달라고 말씀드리기가 뭣합니다. 그러니 사장님께서 알아서 주시면 좋겠습니다."

이 중요한 대목에서 많은 사람들은 자신의 뜻을 솔직하게 말하지 못한다. 머뭇머뭇하거나 위의 겸손파처럼 답변하기 십상이다. 그런데 이런 류의 답변을 하는 사람들이 월급을 받고 나서는 불평과 불만을 갖고 '주댕이를 댓발이나 내밀기' 쉽다. 얼마를 달라고 솔직하게 말하지 못하는 것은 어렵사리 직장을 구하는데, 혹시 월급을 많이 달라고 했다가 취업의 기회를 놓치면 어쩌나 하는 불안감 때문에 그러지 싶다. 그러나 이 대목이야말로 서로 솔직히 말해야 할 대목이고, 처음부터 서로 분명히 정해야 할 대목이다.

나는 회사의 방침이 어떤지도 모르고, 설령 회사의 방침을 안다고 해도 내 월급을 내가 결정해야 할 문제라고 생각하고 있었다. 그래서 무조건 회사 방침에 따르겠다고 할 수 없었다. 또 회사 방침이 내 생각과 어느 정도 맞아 떨어질 수도 있고, 전혀 맞지 않을 수도 있을 것이다.

당신에게 남은 시간이 많지 않다

월급이란 받는 사람 입장으로는 많으면 많을수록 좋은 법이다. 월급은 나를 파는 내 몸값이기 때문이다. 어떤 물건이거나 파는 사람 입장에서는 한 푼이라도 더 비싸게 팔고 싶은 것이 너무나 당연한 일이 아닐 수 없다. 그래서 나는 이렇게 대답했다.

"X백만 원을 주시면 좋겠습니다."

사장은 눈이 휘둥그레졌다. 당신이 예측하고 있던 액수보다 너무 많았던 모양이다. 사장이 답변을 할 차례였다. 나는 사장의 대답을 기다렸다. 사장은 가타부타하지 않고 나와 비슷한 군번의 임원이 그 회사에 있는데, 그에게 지급하는 월급이 얼마인데, 내가 요구한 것은 그이의 두 배 반이 넘는 고액이라고 탄식조로 말했다.

"사장님! 그 사람이 누군지 모르지만 그분 월급 액수가 저와 무슨 상관입니까?"

사장은 아무 말도 않고 눈을 지그시 감았다. 사장은 한동안 숙고 끝에 무슨 생각을 했는지 내 요구를 수락했다.

"송 선생 원하는 대로 드리지요."

나는 활짝 웃으면서 말했다.

"사장님, 감사합니다."

그때까지 사장 옆자리에서 아무 말도 않고 있던 로봇 같은 비서실장이 사장의 귀에 대고 뭐라고 속삭였다. 그러자 사장은 나에게 3개월 동안 수습기간으로 하고, 수습기간은 월급의 70%를 주고, 수습이 끝나고 정식이 되면 내가 요구한 월급 전액을 주겠다고 했다. 내가 정색을 하고 말했다.

"그건 안 됩니다. 사장님!"

"왜요? 회사 방침이 그런데요."

"저는 그 방침에 따를 수 없습니다."

"왜요?"

사장은 의아한 모양이었다. 내가 말했다.

"저는 수습기간을 인정할 수 없습니다."

"왜요?"

나는 침을 한번 꼴깍 삼키고 어깨를 쫘악 펴면서 말했다.

"사장님! 3개월의 수습기간이 저에게는 아무 의미가 없기 때문입니다. 저는 일을 시작하면 그날부터 열심히 합니다. 수습기간 동안 열심히 해서 회사에 잘 보여 일단 합격되면 그 뒤는 수습기간보다 덜 열심히 하는 사람들을 그동안 많이 보았습니다. 저도 31살 때 공병우타자기주식회사 대표이사를 해본 경험이 있고, 그때 그런 사람을 많이 보았습니다."

사장은 눈을 지그시 감았다. 내가 계속해서 말했다.

"첫 달부터 제가 원하는 대로 다 주시기 바랍니다. 왜냐하면 제가 일하는 것은 수습기간 동안과 정식 직원이 되었을 때와 조금도 다르지 않기 때문입니다. 뿐만 아니라 일하는 제 마음도 조금도 다를 것이 없습니다. 저는 일을 하면 그 순간부터 바로 본론입니다. 저의 삶에는 수습기간이 없습니다! 그러니 수습기간이란 것이 제 삶에는 아무 의미가 없습니다.”

사장은 계속해서 눈을 지그시 감고 있었다. 내가 말했다.

“우리 삶에 수습이니 정식이니 하는 것이 어디에 있습니까! 주어진 순간순간 최선을 다해야 하는 것 아닙니까? 그래서 저는 수습기간을 인정할 수 없습니다. 그 대신 만약 제가 일하는 것이 마음에 안 들면 3개월까지 기다릴 필요도 없이 한 달 만에 내쫓아도 아무 소리 하지 않겠습니다.”

사장은 계속해서 눈을 지그시 감고 있었다. 옆에 있던 로봇이 밥값을 해야겠다는 듯이 한마디했다.

“우리 회사에 입사하는 사람들 모두에게 이 규정을 적용합니다.”

내가 단호하게 말했다.

“다른 모든 사람에게 그 규정이 적용되어도 저는 그 규정을 따를 수 없습니다. 저는 다른 사람과 다릅니다. 지금까지 살아오면서 수습이란 것이 없었습니다. 항상 본론으로 순간순간 치열하게 살아왔습니다. 그것은 누구에게 잘 보이기 위함도 아니고 어디에 합격하기 위함이 아니라 제 자신을 위해서였습니다. 제 삶의 질을 높이기 위함이었습니다. 그래서 앞으로도 제 삶에서 어떤 수습도 인정하지 않을 것입니다. ”

그제야 사장은 눈을 떴다. 나를 한번 찬찬히 훑어보고는 활짝 웃으면서 말했다.

“내가 송현 선생에게 졌습니다. 수습기간을 두지 않겠습니다. 당신, 참 멋진 젊은이입니다.”

나는 사장에게 넙죽 절을 하면서 말했다.

"감사합니다. 사장님! 열심히 일하겠습니다."

사장은 자리에서 일어나 나에게 악수를 청했다. 나의 손을 힘껏 쥐는 사장의 손은 따뜻했다. 나도 사장의 손을 힘껏 쥐었다. 사장 옆에 있던 로봇이 나를 보고 빙그레 웃었다. 나도 빙긋 웃어주었다.

당신에게 남은 시간이 많지 않다

"그대의 최대 불행은 성공해야
한다는 생각이다."

그대에게 가장 큰 불행은 성공해야 한다는 생각이다. 그대는 성공하기 위해서는 수단과 방법을 가리지 않고 경쟁하고 싸우려고 한다. 무조건 성공만 하면 된다고 생각한다. 나쁜 방법으로 성공을 했다 해도 일단 성공만 하면 된다고 생각한다. 성공은 나쁜 수단도 좋은 수단으로 변형시킨다고 믿는다.

그런데 문제는 이런 성공을 해도, 그대 삶은 여전히 황폐하고 행복하지 않다는 데 있다. 그래서 오로지 성공하는 것이 문제가 아니라 '어떻게 성공하느냐'가 문제이다.

순간순간이 새로운 도전이다. 하나의 정점에서 다른 정점으로 가면서 사는 것은 스릴 넘치는 일이다. 높이 오를수록 도달할 정점도 더 높아진다. 그렇게 하면 설사 실패해도 그대는 불행하지 않다. 그대에겐 아직 그 상황을 받아들이는 행복이 있으며, 그대에게 아직 기회가 있다.

도전을 진정으로 사랑하는 사람에게는 성공과 실패가 별의미가 없다. 완전한 가치는 도전과 응전 속에 있으며, 죽느냐 사느냐의 기로에 서서 마주치는 스릴에 있다.

그대가
감사할 줄 모르면
좋은 일이 일어나지 않는다

그대는 감사할 줄 아는가?

그대가 욕심이 없고 실현되어야 할 이상이 없을 때, 그때 비로소 그대에게 놀라운 일들이 일어난다. 큰 욕망을 품고 있는 사람은 결코 감사해하지 않는다. 아무리 큰일이 일어나도 자신의 욕망과 견주어보면 항상 작아 보이기 때문이다.

그대는 감사할 줄 아는가?

그대가 진정으로 감사할 줄 모르면 일어날 수 있는 좋은 일들이 하나도 일어나지 않는다. 그대에게 좋은 일들은 그대가 진정으로 감사할 때만 일어나기 때문이다.

그대는 감사할 줄 아는가?

그대의 욕망은 점점 커지는데 그대에게 감사하는 마음이 없으니 아무리 큰일이 일어나도 그대 눈에는 하찮게 보일 것이다. 그러면 그대는 점점 욕망을 키우게 된다. 그대는 이런 악순환에 갇혀 벗어날 수 없게 된다.

그대는 감사할 줄 아는가?

그대는 항상 '감사합니다' 라고 말할 수 있어야 한다. 세상에는 이런 말을 할 수 있는 사람이 많지 않다. 지극히 일부 사람만이 이런 능력을 소유하고 있다. 정말로 감사하다고 말해야 하는 상황에서조차 사람들은 감사하다고 말하지 않는다.

그대는 감사할 줄 아는가?

그대는 항상 '미안합니다' 라고 말할 수 있어야 한다. 미안하다는 것은 곧 자신의 행위가 틀렸음을 인정하는 것이다. 자신의 행위가 틀렸음을 솔직하게 인정할 때 그때 비로소 더 많은 것을 보게 된다. 이는 마치 샘을 막고 있는 바위를 들어내는 것과 같다. 그러면 막혔던 샘물이 흐르기 시작할 것이다.

1년에 나흘
단식하는 까닭

나는 1년에 나흘 단식한다. 내가 하는 단식에는 좀 별난 구석이 있다. 살 빼기 위해서도 아니고, 건강을 위해서도 아니다. 번듯한 이유나 내세울 거창한 명분은 없지만 내 나름으로는 소박하고 소중한 까닭이 있다.

물론 나도 건강을 위해 단식을 안 해본 것도 아니고, 단식을 하면 몸에 좋은 줄 모르는 바도 아니다. 단식하면 당연히 체중이 줄고, 특히 숙변(宿便)이 없어지고 장이 깨끗해지기 때문에 건강에 매우 좋다는 정도는 알고 있다. 흔히 하는 단식은 주로 일주일이면 일주일, 열흘이면 열흘을 한꺼번에 몰아서 하는데, 내가 하는 별난 단식은 1년에 겨우 나

제4부 그대가 감사할 줄 모르면 좋은 일이 일어나지 않는다

흘 하는데도 한꺼번에 몰아서 하지 않고 날짜가 제각각이다.

나는 존경하는 세 분의 스승과 한 분의 은인을 기리고 잊지 않기 위해서 단식한다. 그분들이 돌아가신 날에 단식을 한다. 세 분의 스승은 나의 정신적 스승 함석헌 선생, 나에게 과학적인 글자생활과 우리말 우리글에 대한 사랑, 글쓰기 기본을 가르쳐주신 한글기계화의 아버지 공병우 박사, 나의 영적 스승 라즈니쉬이고, 한 분의 은인은 〈뿌리깊은 나무〉의 한창기 사장이다.

내가 살아오면서 이 분들을 만나지 못했더라면 오늘의 나는 존재하지 않았을 것이다. 내 삶에서 이 분들을 만나지 않았다면 내 모습은 지금과는 완전히 달라졌을 것이다. 그래서 이분들을 만난 것은 내 인생에서 가장 큰 행운일 뿐 아니라 내 삶의 최대 축복이고 은총이 아닐 수 없다.

하루 : 정신적 스승 함석헌 선생을 그리워하며

내가 함석헌 선생님을 처음 만난 것은 부산에서 고등학교 졸업을 앞둔 어느 날, 표지가 떨어져 나가고 없는 낡은 잡지를 통해서이다. 제호도 알 수 없는 잡지에 화보로 실려 있는 선생님의 모습을 처음 본 순간 나는 화인(火印)을 맞은 것 같은 강렬하고 신비한 느낌을 받았다. 그날 이후 나는 부산 보수동 헌책방을 이잡듯이 뒤져 선생님이 쓴 글들을 찾아 꼼꼼히 읽기 시작했다.

그중에서 선생님의 자서전 〈죽을 때까지 이 걸음으로〉를 밤을 꼬박

새워 단숨에 다 읽었다. 선생님의 불후의 명저 〈뜻으로 본 한국 역사〉도 한줄 한줄 숨죽이고 읽었다. 사료(史料)를 연대기적으로 나열한 죽은 역사와 역사의 의미와 섭리를 파헤쳐 참 의미를 찾아내는 참 역사의 차이를 알았고 역사의식이 무엇인지, 왜 인간에게 역사가 중요하고 올바른 역사의식을 가지는 것이 얼마나 중요한지도 알았다. 나는 독서를 통한 지적 전율을 그때 처음 경험했다.

그동안 내가 초·중·고에서 만났던 비겁하고 맹한 수많은 선생들에게 분노하게 되었다. 그들은 왜 이 책에 있는 이런 중요한 역사의 의미를 내게 가르쳐주지 않았나 하고 원망했다. 대표적인 것이 신라의 삼국통일에 관한 해석이다. 나는 그 전까지만 해도 신라의 삼국통일이 아주 잘된 것이라고 알고 있었다. 그런데 선생님의 〈뜻으로 본 한국 역사〉에서는 신라가 당나라 군대를 끌어들여 남을 업고 이룩한 통일은 자주적이지 못하고 주체적이지 못하기 때문에 바람직한 통일이 아니라고 해석한 대목에 전율했다.

나는 선생님이 날카롭고 심오하게 파헤쳐놓은 부끄러운 우리 역사의 자화상을 보면서 책장을 찢고 싶었던 적이 한두 번이 아니었고, 책장을 덮고 뜨거운 눈물을 흘리며 몸서리친 적이 한두 번이 아니었다.

선생님은 우리나라 역사를 '고난의 역사'라고 규정하고 우리나라를 '수난의 여왕'이라고 했다. 수난의 여왕에게 아름다운 면류관이 기다리고 있다는 놀라운 해석에 나는 눈물을 닦고 용기와 희망을 되찾고 두 주먹을 불끈 쥐었다.

그 뒤부터 나는 여러 사람들에게 그 책을 소개도 하고 선물도 했고, 심지어 서울 서라벌고등학교에서 국어 교사로 근무할 때는 일요일이면 내 자취방에서 〈함석헌 선생 역사 특강〉까지 했다. 심지어 나는 이 책을 감명 깊게 읽지 않은 여자와는 결혼하지도 않겠다고 선언(?)했다. 그때 내게는 이 책이 지상의 어떤 책보다 더 소중한 책이었다.

그래서 나는 그때까지 나의 삶은 모두 파기하고 새롭게 태어나기로 결심하고, 아버지가 지어준 송병헌이라는 본명을 버리고 '송현'이라고 이름까지 바꾸었다. 그리고 마음속으로 나도 '선생님처럼 올바르게 살고, 뜨거운 가슴으로 치열하게 인생을 살아가겠다'고 굳게굳게 다짐했다.

내가 부산에서 살 때는 장기려 박사의 성경모임에서 선생님을 한 달에 한 번 뵐 수 있었고, 1974년 상경한 뒤에는 명동 가톨릭 여학생관의 성경모임에서 한 달에 세 번은 뵐 수 있었고, 그밖에 노자모임이나 다른 모임에서도 자주 뵙곤 하다가 선생님이 돌아가실 때까지 혹은 가까이서 혹은 멀리서 모실 수 있었다.

내 입으로 이딴 소리해도 되는지 모르지만, 나는 선생님에게 세례를 받은 몇 안 되는 제자 중의 한 명이다. 박정희 독재정권 때 선생님께서 명동 3.1 구국선언문 사건으로 재판을 받을 때, 구속되면 옥사를 각오하고, 가까운 제자 몇 명에게 세례를 주셨다. 선생님이 손수 제자들의 발 대신 손을 씻기고 세례를 주신 것이다. 이런 일은 선생님 일생에 처음이자 마지막이었다. 그때 그 숙연한 분위기와 벅차오르던

당신에게 남은 시간이 많지 않다

감동, 뜨거운 흥분을 영원히 잊을 수 없다.

나는 선생님에게 배운 것이 한두 가지가 아니다. 특히 역사가 무엇인지, 어떻게 살아야 바르게 사는 것인지, 어떤 삶이 가치 있는 삶인지를 배웠다. 어떤 것이 진정한 용기인지도 배웠고, 어떤 글이 제대로 된 글이고, 어떻게 말하는 것이 제대로 말하는 것인지도 배웠다. 그리고 하느님과 기독교 신앙도 배웠다.

그동안 나는 말을 팔고 글을 팔아 밥 먹고 살았다. 내가 이날껏 살아오면서 삶의 고비마다 중요한 결단을 내릴 수 있었거나, 그동안 내가 팔았던 글이나 말 속에 작은 진실이나 용기가 담겨 있었다면 그것은 전적으로 선생님 덕분이고, 그렇지 못했다면 그것은 전적으로 내 공부와 수양이 모자란 탓이다. 이런 의미에서 선생님은 내 인생에서 가장 중요한 정신적 스승이 아닐 수 없다.

이틀 : 한글기계화의 아버지 공병우 박사를 기리며

오래 전에 한국일보에서 우리나라 최고 고집쟁이 10명을 뽑은 적이 있는데, 그때 이승만 박사가 1등이고, 최현배 박사가 3등이고, 공병우 박사가 6등이었다. 공병우 박사는 한글타자기를 만들 때 글자꼴에 대해서는 그다지 신경을 쓰지 않았다. 글자꼴은 알아보기만 하면 족하다고 생각하고, 오로지 타자 속도에만 초점을 맞추었다.

그래서 공병우타자기를 속도타자기라고도 부른다. 어떻게 하면 빨리 찍을 수 있을까? 이것이 공병우 박사의 최대 관심사였다. 빨리 찍어야만 시간을 절약할 수 있고, 시간을 절약하는 것은 곧 생명을 연장하는 것과 같다. 시간은 돈보다 더 귀한 생명이니 이 귀한 생명을 아껴 쓰기 위해 타자기 속도도 빨라야 한다고 생각했다.

미국 여행에서 돌아와 방문의 문턱을 썰어내고, 사과 궤짝 위에 판자를 깔아 침대를 만들고, 화장실을 수세식으로 고치고, 입식 부엌으로 바꾸고, 5분 이상 하는 이발소에는 가지 않고, 낮에 하는 결혼식에는 가지 않는 등 수많은 기행을 연출한 것도 다 시간을 절약하기 위한 것이었다. 빨리빨리주의자 공병우 박사는 철저한 합리주의자, 철저한 실용주의자였다. 공병우 박사가 남긴 수많은 일화는 지금도 전설처럼 많은 이들의 입에 오르내린다.

내가 서라벌고등학교에서 국어 선생 노릇을 하고 있던 1976년 어느 날 공병우 박사가 나를 만나고 싶어 한다는 전갈을 받고, 간이 철렁했다. 왜냐하면 나는 공병우 박사를 제2의 세종대왕 같은 분으로 우러러보면서, 한편으로 공병우타자기를 쓸 때마다 그 편리함과 고마움에 감탄하였을 뿐 공 박사를 비난한 적도 없고, 또 공씨나 공안과를 헐뜯은 적도 없기 때문이었다.

나는 물어물어 종로구 서린동 111번지 공안과 안에 있는 공병우타자기연구소로 갔다. 공안과의 복잡하고 긴 복도를 지나 지하실로 내려가니 공 박사의 타자기연구소가 거기 있었다. 아무 치장도 없는 썰렁하기 짝이 없는 방이었다. 그 썰렁한 방에는 연구원 한 명이 타자기 활자를 열심히 만지고 있었고, 그것을 옆에서 지켜보고 있는 이가 공 박사였다. 하늘처럼 우러러보던 공 박사를 만나는 그야말로 역사적인 순간이었다.

나는 잔뜩 긴장한 채 인사를 드렸다. 공 박사는 반갑게 악수를 청한 뒤 입가에 어린이 같은 밝은 미소를 지으면서 말했다.

"반갑수다. 송 선생께서 밥 먹는 문제만 해결되면, 학교를 그만두고 잘못된 한글기계화 정책을 바로잡는 일을 해보고 싶다는 말을 한 적이 있어요?"

나는 앞이 캄캄했다. 이 말을 한 적이 있기 때문이다. 이 말을 한 것이 잘못된 것인지, 잘된 것인지 종잡을 수 없었다. 선뜻 시인도 부정도 못하고 잠시 망설였다. 그러나 아무래도 내가 그 말을 했는데, 안 했다고 거짓말을 할 수는 없었다.

"네, 박사님. 제가 그런 말을 하기는 했습니다만, 뭐가 잘못되었습니까?"

"아니오. 송 선생이 그런 말을 한 게 사실이라면, 우리 연구소에 와서 저와 함께 한글기계화 연구를 한번 해보시지 않겠어요?"

나는 너무나 뜻밖의 제의를 받고, 내 귀를 의심했지만 앞에서 얘기한 것처럼 우여곡절 끝에 공병우한글기계화연구소에서 일하게 되었다. 얼마 뒤, 공 박사의 권유로 아직 잘 알지도 못하는 한글기계화에 관한 글을 한 편 썼다. 내 글의 앞부분을 몇 줄 읽어보시던 공 박사는 이렇게 말했다.

"나는 이 글이 무슨 소린지 도저히 이해할 수 없군요. 이 글은 송 선생처럼 유식한 사람들은 이해할 수 있을지 몰라도, 보통 사람들은 무슨 소린지 알 수 없는 글입니다.”

나는 기분이 언짢았다. 이미 문단에 시인으로 등단을 한 뒤였고, 또 그동안 10여년 가까이 국어 선생 노릇을 한 처지였고, 잡지나 신문 등지에 더러 글도 발표하는 문사로 자처하고 있었는데, 내가 쓴 글을 무슨 소린지 도저히 이해할 수 없다고 하니, 내 기분이 좋을 리 없었다. 내가 시큰둥한 표정을 짓고 있으니, 공 박사가 말했다.

“좀 쉽게 고쳤으면 좋겠습니다.”

나는 떨떠름한 기분으로 몇 군데를 쉽게 고쳐 공 박사에게 다시 보여드렸다. 그러자 공 박사는 몇 줄 읽어보더니 퉁명스럽게 말했다.

“그래도 나는 이 글이 무슨 소린지 도저히 이해할 수 없군요. 이 글은 송 선생 같이 유식한 사람들은 이해할 수 있을지 몰라도, 보통사람들은 무슨 소린지 알 수 없는 글입니다. 누구나 이해할 수 있도록 쉽게 써야 합니다.”

나는 정말 기분이 나빴다. 그러나 꾹 참고 원고를 돌려받아 내딴에 쉽게 고친다고 다시 고쳐서 보여드렸다. 그래도 공박사의 대답은 한결같았다.

“그래도 나는 이 글이 무슨 소리인지 도저히 이해할 수 없군요. 내가 한 번 내 마음대로 쉽게 고쳐 드릴까요?”

“네. 박사님. 그렇게 해주십시오!”

이튿날, 공 박사는 벌겋게 고친 원고를 내 앞에 내밀었다. 붉은 볼

펜으로 고친 부분이 더 많았다. 공 박사가 고친 원고는 과연 쉽고 표현이 정확했다. 나는 고개를 끄덕였다. 공 박사가 물었다.

"송 선생! 어떻습니까? 내가 고친 부분과 송 선생이 처음 쓴 것과 어느 쪽이 더 알기 쉽습니까?"

"박사님께서 고친 쪽이 훨씬 알기 쉽고 또렷합니다. 감사합니다. 저에게 큰 공부가 되었습니다. 앞으로 글을 쓸 때 큰 참고를 하겠습니다."

이런 의미에서 공 박사는 나에게 한글기계화의 스승만이 아니라 문장론 스승이기도 하다. 만약, 내가 젊은 날에 함석헌 선생만 만나고 공병우 박사를 만나지 못했다면 나는 구름잡는 이상주의자가 되었을지 모른다. 천만다행으로 철저하게 과학적이고 합리적인 공병우 박사를 만났기 때문에 내 두 다리가 땅에 깊게 뿌리 내릴 수 있었다.

사흘 : 영적 스승 라즈니쉬를 생각하면서

인도가 낳은 세계적인 성자인 오쇼 라즈니쉬를 알게 된 것은 책을 통해서이다. 1931년 인도에서 태어난 그는 세계 각국의 젊은이들과 진보적인 지식인과 구도자들에게 정신의 수소폭탄 같은 인물이다. 그의 영적 파장은 강렬하다.

그가 말했듯이 그는 지구상에 있는 모든 성인들이 남겨놓은 경전들을 전혀 새롭게 해석했다. 불경, 성경, 노자, 장자, 선, 인도철학, 유대와 이슬람의 가르침들을 바탕으로 인간 존재의 심연을 파헤쳤다. 고도의 직관력과 지성, 다양한 감각과 위트, 유머를 지닌 그는 논리와 수행을 두루 포용하면서도 시적이며 인간적인 길을 통해 영적 깨달음을 가르친다.

라즈니쉬는 21세 때 깨달음을 얻었다. 1966년까지 인도의 한 대학에서 철학 교수로 있다가 영적 깨달음을 가르치는 일에 전념하기 위해 대학을 떠나 뿌나에 명상센터를 열었다. 그는 전세계에서 몰려드는 구도자들에게 인간의 내면 심리를 깊이 파헤치고 새로운 사고방식을 소개했다. 산업사회라는 정신적 황야에서 끝까지 세상을 포기하지 않고 진리를 추구하는 새로운 수행자의 모습으로 부르짖었다. 그의 저서는 힌두어와 영어로 된 것이 650권 정도 된다고 한다.

이러한 세계적인 스승은 미국 CIA에 의해 독극물 주입으로 서서히 살해되었다. 1990년 1월 19일 지구를 떠났지만 인도 뿌나에 있는 라즈니쉬 아쉬람에는 해마다 수만 명의 구도자들이 몰려들고 있다.

내가 라즈니쉬를 처음 안 햇수야 오래되지만, 그때는 단지 일반적인 독서의 한 부분으로 알았다. 내가 마흔 무렵에 김형윤 선생의 추천으로 불교방송 장상문 회장님과 인연이 닿아 불교 어린이잡지 〈굴렁쇠〉를 창간하는 일을 했다. 그 무렵에 이왕이면 불교를 잘 알아야 일을 더 잘할 수 있을 것 같아 대원불교대학에 입학을 했다.

그 전까지만 해도 나는 의식 속에 기독교적인 색채가 많았다. 그런 내가 불교 공부를 하면서 새로운 세계를 알았다. 그래서 라즈니쉬를 새로 해석하면서 온몸으로 읽고 영적 스승으로 삼았다.

당신에게 남은 시간이 많지 않다

그 뒤부터 나는 여러 가지 생각이 달라졌다. 특히 이 세상에 장미꽃이 제일 아름답다는 주장에는 동의하지 않기로 했다. 장미꽃은 장미꽃이고 패랭이꽃은 패랭이꽃이다. 어느 것이 더 아름다운가보다, 어느 것이 어떤 특성을 가지고 있으며, 어떻게 다른가에 관심을 가지게 되었다.

그래서 장미꽃 한 가지만 남기고 다른 꽃들을 모조리 뽑아버리려는 어떤 수작이나 음모에도 반대한다. 장미꽃이 제일 아름답다는 어리석음과 무지와 독선에 한사코 반대하게 되었다. 장미꽃이 설령 가장 아름답다고 해도 패랭이꽃을 짓밟거나 무시해서는 안 된다.

나는 장미꽃과 패랭이꽃의 조화로운 정원을 꿈꾼다. 패랭이꽃이 아니라도 좋다. 설령 꽃이 피지 않는 이름 없는 풀 하나라도 소중하게 여겨야 한다. 이 세상에 생명 있는 모든 것은 귀하게 여겨야 한다. 들에는 장미꽃 한 가지만 피어서는 안 된다. 여러 가지 나무와 풀과 꽃들과 나비가 한데 어우러져야 한다. 내가 21세기형 섹스 이론인 'SS이론'을 만들어야겠다는 결심을 하게 된 것도 라즈니쉬를 공부하고 난 뒤의 일이다. 그런 의미에서 SS이론의 정신적인 뿌리는 라즈니쉬에게 있다 해도 과언이 아니다.

라즈니쉬는 나의 영적 스승이다. 그는 내 생애에 다시 만날 수 없는 최고의 위대한 영적 스승이다. 나는 라즈니쉬와 비록 직접 만난 적은 없지만 여러 해 동안 이 지구에서 함께 숨쉬고 살았다는 사실이 그저 꿈만 같고 황홀하고 신비하다. 삶이 이렇게 아름답고 신비한 줄 알게 된 것은 전적으로 스승의 덕분이다.

라즈니쉬 공부에 심취해 있던 1985년의 어느 날 꿈에 나는 '비말끼르띠' 라는 법명을 받았고 '라즈니쉬 예술론' 을 써보라는 권유까지 받았다. 그날부터 나는 밤낮으로 신들린 사람처럼 다섯 달 만에 〈라즈니쉬 예술론〉을 3,600매를 썼다('도서출판명상' 에서 출간 예정). 그 뒤 〈영적 스승 라즈니쉬〉란 책도 출판했다. 그리고 2006년 사랑하고 존경하던 사람에게 배신을 당하고 악몽에 시달리던 중에 꿈에 라즈니쉬로부터 무향도(無向道)를 깨우치고 호를 무향으로 정했으며, 무향선원을 설립했다. 앞으로 사랑론, 교육론, 종교론, 인생론 등 합계 1만 매의 원고를 쓸 생각이다.

라즈니쉬를 읽으면서 느낀 그런 놀라운 지적 전율과 영적 오르가즘은 전에는 경험하지 못했다. 지금까지 어떤 책도 나를 그처럼 고상하고 심오하고 황홀한 경지로 끌어올렸던 책이 없고, 지금까지 어떤 책이나 어느 누구도 나와 내 영혼을 철저하게 산산조각 나게 한 적이 없었다. 그런 내가 마침내 라즈니쉬에게 영적 화상을 입어 만신창이가 되었다.

한동안 나는 영적인 반신불구가 되었다. 그러다가 가까스로 다시 살아났다. 내 육신이야 전과 달라보이는 것이 없을지 몰라도, 내 정신 세계는 전과는 엄청나게 많이 변했다. 지금까지 만난 어떤 위인도, 어떤 현자도, 어떤 성자도 나를 이처럼 바꾸지 못했다. 함 선생님을 만나 정신적 화인을 맞고 내 이름을 바꾸었던 것처럼 라즈니쉬를 만나 영적 화인을 맞고 이름을 무향(無向)으로 바꾸기로 했다.

역사를 예수 탄생을 기점으로 기원전과 기원후로 나누듯이 내 개인의 정신사를 말할 때 라즈니쉬를 만나기 전과 그 후로 구분한다. 이처럼 라즈니쉬는 내가 항상 쳐다보아야 할 정신적 북극성이고, 이승에서 내 목숨이 끊어지는 순간까지 죽을똥살똥 온몸으로 기어 올라가야 할 영적 에베레스트다.

나흘 : 삶의 은인 〈뿌리깊은 나무〉 한창기 사장님을 그리워하며

내가 영원히 잊을 수 없는 은인 한창기 사장은 서울 법대를 나왔고, 독신으로 살면서 우리 것을 살리고 우리 것을 지키는 일을 특히 많이 했다. 그중에서 일반인이 쉽게 알 수 있는 이력으로는 저 유명한 한국 브니태니커회사 사장에다, 〈뿌리깊은 나무〉와 〈샘이 깊은 물〉이란 잡지 발행인이었다.

내가 1974년에 서라벌고등학교에서 국어 선생 노릇을 할 때이다. 박정희 군사 독재정권 시절이었는데, 그 엄혹한 시절 한 사장은 〈뿌리깊은 나무〉라는 멋진 월간 잡지를 한글 전용으로 창간했다. 당시로서는 대단히 파격적이고, 최고의 멋쟁이 잡지였다. 이 잡지를 내가 교실마다 들고 다니면서 학생들에게 홍보를 했다.

그때 고등학교 국어 교사가 반마다 월간 잡지를 들고 다니면서 학생들에게 "이런 훌륭한 잡지가 많이 팔려야 나중에 이 잡지에서 한글 전용의 훌륭한 신문을 창간할 것이 아닌가! 그러니 여러분들이 가능하면 한 사람도 빠짐없이 이 잡지를 사보기 바란다"라고 했는데, 말이 그렇지, 사립학교 말단 선생으로서 여간한 용기와 배짱 없이는 할 수 없는 일이었다.

어느 핸가 이 잡지 4월호를 보니, 4.19를 어떤 글에서는 '의거'로 어떤 글에서는 '혁명'으로 표기했길래 "4.19는 의거가 아니라 혁명이다!"라면서 용어를 제대로 못썼다고 꾸짖고 항의하는 장문의 편지를 잡지사에 보내기도 했다. 그 뒤 내가 학교를 그만두고 공병우한글기계화연구소로 가서 한글기계화에 대한 연구를 하게 되었다.

그러던 어느 날 나는 한글기계화 글자판 통일을 위해 박정희 대통령에게 건의서를 보냈다. 두어 달이 지나도 아무 회답이 없어 박 대통령에게 "민주주의란 국민이 주인이고, 대통령이 종이 아닙니까. 제가 건의서를 보냈는데, 기면 기다 아니면 아니다하고 대답을 해야지, 왜 아무 대답이 없습니까! 주인의 건의를 이렇게 무시하는 것이 민주주의입니까?"라는 요지의 항의 편지를 보냈다.

그러자 청와대에서는 내게 사과를 하고 내 건의서를 과학기술처에 넘겨도 좋겠느냐고 물어왔다. 그러라고 하자, 얼마 뒤에 과학기술처가 엉터리 답변을 보내왔다. 그래서 나는 '한글기계화 글자판 통일'을 위해 순교(?)할 각오를 하고 과학기술처 장관에게 서면으로 따지고 대들었더니 장관이 나를 불렀다.

내가 장관에게 불려가 공식 대담한 것을 폭로한 유인물 3천 부를 만들어 전국에 우편으로 뿌렸더니 제일 먼저 〈뿌리깊은 나무〉의 한 사장님에게서 격려 전화가 왔다.

"이 어려운 시절에 과학의 진리를 위해 송 선생이 용기 있게 싸우고 있는 것을 보고 가만히 있을 수가 없어 격려 전화를 했습니다. 우리 잡지에 지면을 드릴 테니, 그 유인물에서 못다한 이야기가 있으면 마음껏 써보세요. 그래서 더 많은 사람들에게 알려야 할 게 아닙니까."

이 전화가 한 사장과의 최초의 직접적인 인연이다. 마침내 〈뿌리깊은 나무〉에 '어느 관리와의 다툼'이란 제목의 글을 발표했다. 보잘 것 없는 내 글이 그 권위 있는 잡지에 실리니, 글도 권위가 있어보였고 반응도 엄청났다. 전국에서 격려 전화와 편지가 엄청 많이 왔다. 그 바람에 나는 그 잡지가 얼마나 대단한 잡지인가를 또 한 번 실감했다.

그 일이 있은 뒤 한 사장님은 내게 기회가 있을 때마다 그 귀한 잡지의 지면을 주었다. 내가 그 잡지에 글을 발표하고 나면 다른 잡지나 사보에서 원고 청탁이 조금씩 늘어나는 것을 체감할 수 있었다. 그 잡지에 글을 한 꼭지 발표할 때마다 내 원고료도 높아지고, 나도 쑥쑥 자라는 것 같았다.

특히 1994년 김영삼 대통령이 중국 방문 때 한문으로 서명하는 것을 보고 "주권 국가의 원수가 남의 나라에 가서 한글로 서명하지 않고 한문자로 서명하는 것은 나라 망신시키는 짓이니 다시는 그러지 마시오"라는 요지의 글을 썼는데, 아무데도 이 글을 실어주지 않아 책상 서랍에 묵혀놓았다.

그런데 한 사장님이 〈샘이 깊은 물〉에 지면을 주는 덕분에 '나와 청와대의 언쟁'이란 제목으로 발표하게 되었다. 한 사장님처럼 용기 있는 분을 만나지 못했다면 그 글은 영원히 발표되지 못했을 것이다.

그동안 한 사장님이 내게 베풀어준 사랑은 말로 다할 수가 없다. 하루는 뜻밖에도 아침 일찍 한 사장님이 내게 전화를 걸어왔다. 시간이 괜찮으면 성북동에 있는 자신의 집에 잠시 들렀다 가라는 것이었다. 나는 무슨 영문인가 하고 잔뜩 긴장을 하고 갔다. 2층 안방으로 나를 안내하더니 옷장의 문을 열고는 이렇게 말했다.

"여기 있는 내 옷 중에서 송 선생이 마음에 드는 것이 있으면 다 드리겠습니다."

그 집 옷장을 안 본 사람은 상상이 되지 않을 것이다. 한 사장님의 성북동 집은 그야말로 대저택이다. 그 넓은 2층의 안방에 있는 옷장은 한쪽 벽 이쪽부터 저쪽 끝까지 붙박이로 된 맞춤 옷장이다. 그 큰 옷장에 한 사장님의 양복이 꽉 차 있었다. 아는 사람은 다 알지만, 그 시절 우리나라에서 한 사장만큼 깔끔하고 세련된 멋쟁이가 또 누가 있었는가. 그 세련된 눈썰미와 그 까다로운 감각의 국제신사가 입던 최고급 양복들이 셀 수도 없이 많이 걸려 있었다.

그 순간 나는 어릴 때 그렇게 가난하게는 안 살았는데, 촌놈 근성이 있어 그랬는지, 사양 한 번 하는 척도 않고 좋아라고 한 사장 앞에서 옷을 훌렁 벗었다. 상의는 와이셔츠, 하의는 팬츠 바람이 되었다. 한 사장님은 그런 나를 물끄러미 바라보고 빙그레 웃었다. 지금 생각해보면 그때 한 사장님은 이 못난 나의 어리석음까지도 넉넉하게 감싸

안으며 웃고 있었던 것이 분명하다.

염치도 없이 나는 왼쪽부터 시작해서 하나하나 꼼꼼히 뒤져가며 색상이 마음에 들고 고급스럽고 좋은 것만 쪽쪽 뽑아서 입어보고, 그중에서도 최고급만 골라 한쪽 옆에 따로 놓았다. 안 할 말로 나도 한때 월간 〈디자인〉과 월간 〈공예〉라는 최고급 전문 잡지의 주간(主幹)을 했을 정도이니 내 눈썰미도 보통은 아니지 싶다.

내가 최고급으로 보이는 놈과 최고로 멋져보이는 옷만 쪽쪽 뽑아 한 옆에다 따로 놓았으니, 한 사장님이 진정으로 나를 사랑했기에 망정이지, 그러지 않았다면 내가 얼마나 얄밉고 한심해 보였을까! 한 사장님은 아랫목에 비스듬히 앉아 내가 입은 옷이 어디가 어떻게 어울리는지 안 어울리는지 일일이 평가해주었다.

수십 벌을 입어보고, 내가 따로 뽑아서 한 옆에 놔둔 것이 나중에 세어 보니 무려 일곱 벌이었다. 한 사장님은 마음 착한 운전기사 광수 씨를 불러 "이 옷을 잘 싸서 송현 선생 사무실로 갖다주라"고 시켰다.

그 뒤 내가 아주 좋아하는 나주의 친구 두 사람에게 각각 한 벌씩 선물하고 다섯 벌이 남게 되었다. 그 옷은 옷이 아니다! 한 사장님의 내게 대한 사랑의 징표이다. 그러니 함부로 입을 수 없었다. 첫째는 아낀다고 그랬고, 둘째는 그런 고급 옷을 입고 나갈 기회가 드물었다.

그래서 입어보지도 못하고 옷장에 걸어 두었는데, 이제는 배가 많이 나와 아예 입을 수가 없게 되었다. 그러니 그 옷을 지금도 얻어온 그대로 말짱하게 내 옷장에 잘 보관하고 있다. 주위에서 이를 알고 한

벌 달라는 이들이 있지만 혹시 한 사장님 기념관이라도 생기면 거기에 내놓을 요량이다.

나는 우리말과 글을 맹목적으로 사랑하는 사람들을 많이 보아왔다. 그런데 한 사장님만큼 진정으로 사랑하고, 이를 갈고 닦기 위해 〈뿌리 깊은 나무〉와 〈샘이 깊은 물〉이란 잡지를 통해 철저하게 실천한 사람을 본 적이 없다.

요즈음 나오는 잡지들은 아주 세련되었는데, 이것도 알고 보면 한 사장님이 이미 약 25년 전에 〈뿌리깊은 나무〉라는 당대의 최고 세련된 고급 잡지를 만들어 선보인 덕분이다. 잡지의 세련됨뿐 아니라 잡지를 어떻게 만들며, 필자를 어떻게 예우해야 하며, 문장을 어떻게 써야 하며, 어떤 글을 실어야 하며, 어떤 글은 싣지 말아야 하며, 사진을 어떻게 찍어야 하며, 사진을 어떻게 보관해야 하는지에 이르기까지 그의 손길과 마음이 직접 미치지 않은 곳이 없었다.

그 뒤에 나온 잡지들이 그 잡지의 좋은 점을 흉내 내지 않은 잡지가 별로 없지 싶다. 우리말과 글에 대한 사랑뿐만이 아니다. 우리나라 고유한 잎차를 대중적인 상품으로 만든 것도 한 사장이 처음 시도했고, 사라져가는 우리의 옹기그릇도 맥이 끊어지지 않게 터전을 닦았고, 우리 종이, 심지어 우리 밥그릇까지, 거기다가 한반도의 슬픈 소리까지도 채록하고 채보해 깔끔하게 손질하고 매끈하게 다듬어 세계 어디에 내놓아도 좋을 번듯한 물건으로 만든 것도 한 사장의 공적이다. 이처럼 내가 아는 것만 해도 이루 다 말할 수 없는데, 내가 모르는 것은 또 얼마나 많을까! 나는 이따금 이런 생각을 했다.

'한 사장님이 김대중 정부 들어설 때까지 살아서 〈뿌리깊은 나무〉도 복간하고, 문화부 장관도 한 번 해서 문화부 장관이 뭘 어떻게 해야 하고, 문화 정책을 어떻게 해야 하는 것을 본을 보이고, 한국방송공사 사장도 했더라면, 지금까지 했던 누구보다 비교할 수 없을 만치 잘했을 것이고, 누구도 그보다 더 잘할 수 없을 만치 잘했을 것이니, 얼마나 좋았을까!'

나는 한 사장님만큼 높은 문화적 심미안과 날카로운 비평안을 가진 분을 본 적이 없고, 한 사장님처럼 우리 전통문화를 소중히 여기고, 이를 보존하기 위해 노력한 사람을 본 적이 없다. 한 사장만한 미식가를 본 적이 없고, 한 사장님처럼 세련된 감각의 양복과 한복을 멋지게 입는 멋쟁이를 본 적이 없다.

한 사장님처럼 말을 조리 있고 설득력 있게 잘하는 사람을 본 적이 없고, 한 사장님처럼 글을 논리적으로 잘 쓰는 사람을 본 적이 없다. 한 사장님 정도면 까딱 잘못하면 잃을 것이 많았는데도 이 땅의 민주화를 앞당기기 위해 알게 모르게 많은 힘을 썼던 사람을 본 적이 없다. 그리고 한 사장님처럼 많은 사람을 키운 이를 본 적이 없다. 말이야 바른 말이지, 한 사장님 때문에 큰 사람이 어디 한둘인가! 괴발개발 써온 글, 문장도 되지 않는 글을 쓰는 대학 교수나 문사들 중에 한 사장 덕 본 사람이 무릇 기하이며, 어설픈 예술가 중에 한 사장 덕 본 사람은 또 기하이뇨!

나 같은 사람이 쓴 흠투성이의 글도 〈뿌리깊은 나무〉 편집부에서 좀 다듬고 마지막으로 한 사장이 한 번 봐주면 멋지고 그럴 듯한 작품이 되었다. 어떤 글이든 그 좋은 잡지에 실어놓으면 처음과는 완전히 딴 물건이 되고 만다. 그리고 별 대단한 실력도 없으면서 예술한답시고 설치고 돌아다니는 사람이나 그들의 졸작들도 〈뿌리깊은 나무〉 사람들이 애정을 갖고 손을 좀 대놓으면 갑자기 좋은 물건이 된다. 이런 면에서 사실 까놓고 말하면 한 사장 덕 본 사람이 한둘이 아니다.

나 같은 위인이 바로 그 좋은 증거이다. 내가 쓴 글은 거칠고 흠도 많았다. 사실 유신독재의 서슬이 시퍼렇던 시절에 청와대, 과학기술처, 체신부 등을 겁도 없이 공격하는 내 글에는 흠도 많았고, 거칠기 짝이 없었다. 그런데도 〈뿌리깊은 나무〉 사람들이 다듬고 조금만 화장을 하면 멀쩡하고 제법 쓸 만한 물건이 되곤 했다.

그때는 바른 말하는 글을 잡지에 싣는다는 것은 발행인이 회사 문닫을 각오를 하지 않고는 불가능한 때이다. 거의 독립운동하는 수준으로 위험을 각오하지 않으면 그런 잡지를 발행할 수 없던 시절이다.

내 혈기왕성하던 젊은 날에 권력의 상층부를 겁도 없이 비판하는 글들을 한 사장님이 그 좋은 잡지의 지면을 할애해준 것이다. 글 쓰는 이에게 지면을 할애한다는 것은 가수나 배우에게 무대를 제공해주는 것과 같다. 한 사장님이 그 좋은 무대를 내게 제공해주지 않았다면 나처럼 사교성 부족하고 독선적이고 고집 센 사람은 절대로 크지 못했을 것이다.

내가 그동안 글줄 팔아 밥술 먹고, 라디오나 텔레비전 방송에 얼굴을 내밀고, 학교에서 강의도 하고, 마침내는 교육전문 케이블TV의 간판프로인 '케이블 스쿨 가정교육'의 MC까지 몇 년째 할 정도로 성장한 것도 알고 보면 한 사장님 공이 제일 크다.

더러 어떤 분들은 내 글이 쉽다고 하는 이가 더러 있는데, 이것은 전적으로 공 박사에게 글쓰기 기초를 옳게 배운 덕분이라고 생각한다. 더러 어떤 분들은 내 글에 개성이 있다고 하는 이가 있는데, 이것은 전적으로 함석헌 선생님의 글을 보고 배운 덕분이다.

나는 함석헌 선생의 문장은 어지간한 것은 두어 줄만 읽어도 금세 알 수 있다. 왜냐하면 함 선생의 목소리가 독특하고 문장도 독특하기 때문이다. 함 선생의 문장은 선생님의 육성과 마찬가지로 독특한 체취를 풍긴다. 함 선생의 문장은 그야말로 언문일치가 멋지게 이루어진 아름답고 싱싱한 문장의 표본이라 할 수 있다.

그리고 내 글 속에 더러 고상하고 유식한 분위기가 나는 부분이 있는데 이는 전적으로 라즈니쉬에게 배운 덕분이다. 내 글에 고상하고 유식한 티가 나는 것은 모두 라즈니쉬 덕분이고, 조잡하고 수준이 낮은 티가 나는 것은 전적으로 내 탓이다. 사람을 귀하게 여기고 재능이 있는 제자나 후배, 이웃들에게 깊은 애정으로 열심히 공부하라고 권고하는 것은 한창기 사장이 내게 베푼 것을 보고 배웠기 때문이다.

단식하는 날은 스승(은인)과 함께 보낸 아름답고 금쪽같은 날들의 황금빛 추억과 소중한 대화를 반추하고, 그분이 쓴 책을 읽고, 그분에게서 받은 귀한 선물들을 만지작거리면서 영원히 잊지 않겠다고 다짐한다. 나는 일년 중에 이 날보다 더 경건하게 보낸 적이 없고, 이날보다 가슴 벅차게 보낸 적이 없다.

그래서 이날의 의미가 내게 참 다양하다. 일년 중에 내 몸과 마음이 가장 맑고 경건해지는 면에서는 경축일이고, 스승을 만났던 행운과 스승에게서 받은 사랑에 가슴 벅차오르는 면에서는 축제일이고, 은혜의 백분의 일도 갚을 수 없고, 보고 싶어도 이승에 계시지 않아 볼 수 없어 목이 메이는 면에서는 기일(忌日)이다. 그래서 이날 나는 아무도 모르는 상주(喪主)가 된다.

이제 내 소망은 앞으로 단식 일수가 늘어났으면 좋겠다는 점이다. 며칠 더 굶는 한이 있어도 그를 기념하기 위해 단식할 스승이 한 명이라도 더 있었으면 그만큼 내 행복도 커질 것이다.

"감사와 고마움을 알아야 성장할 수 있다."

성장은 감사와 고마움에서 자란다. 모두에게 감사하고 모든 것에 감사하라. 그것이 그대 삶의 신조가 되게 하라. 감사할 줄 아는 사람은 좋은 일은 물론이고, 일어나지 않은 나쁜 일에도 감사할 수 있게 된다.

그대를 도와준 사람에 대해 감사하는 것은 시작에 불과하다. 자신에게 해를 입히지 않은 사람들에게도 고마움을 느낄 것이다. 충분히 그대에게 피해를 입힐 수 있었는데 그러지 않은 것에 대해 감사함을 느낄 것이다.

감사가 무엇인지 깨닫고 그것을 마음 깊이 새기게 되면 그때부터는 세상 모든 것에 대해 감사하게 된다. 감사하는 마음이 깊어질수록 불평과 불만은 점점 줄어든다.

신기하게도 불평이 사라지면 고통도 사라진다. 고통은 불만과 한데 얽혀 있기 때문이다. 고통은 주로 불평하는 마음에서 나온다. 감사하는 마음에서는 고통이 나올 수 없다. 이것이 그대가 배워야 할 가장 중요한 삶의 비밀이다.

멀쩡한 시계가 네 개인데
하나 더 산 까닭

나는 멀쩡한 손목시계가 네 개나 있는데 얼마 전에 일제 전자시계를 샀다. 편리한 기능들 중에서 내 마음에 쏙 드는 기능이 단연 알람 기능이었다. 지금까지 나온 전자시계들은 대부분 알람 기능이 한 번인데 이 전자시계에는 알람기능이 다섯 번 들어 있다. 사실, 알람 기능이 여러 번 작동하는 시계가 나왔으면 하고 바라던 차에 너무나 반가워 당장 구입했다.

'세상에! 알람 기능이 다섯 번이나 있다니!'

내가 일부러 전자시계를 찰 때는 주로 알람 기능을 활용하기 위해서이다. 특히 약속 시간을 앞두고 알람 기능을 활용하면 편리하기 그

지없다. 내 시계를 자랑하려는 게 아니라 다섯 번의 알람 기능을 어떻게 활용하는가를 소개하고자 한다.

첫 번째 알람이 오전 10시에 울린다.

고향에 계시는 어머니를 위해 기도한다. 오늘 하루도 어머니가 편히 보냈으면 하는 생각을 하면서 기도를 한다. 마음 같아서는 아침마다 전화를 드리고 싶지만, 그러면 어머니를 전화통에 붙들어두는 부작용이 생기면 어쩌나 하는 염려가 있어 그러지를 않는다.

두 번째 알람이 오전 11시에 울린다.

점심을 누구와 어디서 무엇을 먹는 것이 좋을까를 궁리한다. 혼자 먹을 때는 절대로 비싼 음식은 먹지 않을 것을 다짐한다.

세 번째 알람이 오후 3시에 울린다.

오늘 나는 과연 한 순간 한 순간 치열하게 살고 있는가를 점검하고 느슨한 대목은 조인다.

네 번째 알람이 오후 5시에 울린다.

오늘 남한테 잘못한 일은 없는가를 점검한다. 내가 한 말은 진실했는가, 또 열의를 가지고 말했는가, 남의 이야기를 진지하게 들었는가, 지나치게 말을 많이 하지는 않았는가 반성한다.

다섯 번째는 6시에 울린다.

오늘 저녁식사를 집에 가서 가족과 함께 먹을까, 밖에서 다른 사람과 먹을까를 생각한다. 어느 쪽이 내 삶에 더 의미 있는 일일까를 궁리한다.

이 글을 쓰고 있는 지금, 전자시계에서 두 번째 알람이 울린다. 오늘 점심을 누구와 먹을까를 빨리 결정하라는 신호다. 글쎄, 오늘 점심을 누구와 먹는 것이 가장 행복하고 맛있을까? 

"모든 것에 눈과 귀 그리고 가슴을 열어라."

새끼 물고기가 여왕 물고기에게 물었다.

"여왕님, 저는 바다에 대해 많은 말을 들었습니다. 그런데 바다가 어딨나요?"

여왕물고기가 대답했다.

"너는 바다에서 태어났다. 그리고 바다에서 살아간다. 지금 이 순간도 너는 바다에 있다. 바다가 네 안에 있다. 그리고 언젠가는 바다 속에서 죽을 것이다."

많은 물고기들이 바다에서 태어나 바다에 살면서도 바다를 모르고 산다. 바다가 너무 가까이 있기 때문에 도리어 너무 멀게 느껴지는 것이다. 너무 분명하기 때문에 숨어 있는 것처럼 보이는 것이다. 너무 쉽게 손에 닿기 때문에 그것을 알아채기 힘든 것이다.

그대여, 모든 것에 귀를 활짝 열어라. 모든 것에 눈을 크게 떠라. 이제부터 그대가 무엇을 들을 때는 귀가 되고, 무엇을 들을 때는 눈이 되어라. 그리고 무엇을 만질 때는 촉감이 되어라.

당신에게 남은 시간이 많지 않다

동화작가 L선생의 눈과
나의 중대 결심

나는 동화작가 L 선생을 참 좋아한다. 내가 서울 화곡동에 있는 W신학교 문창과에서 강의를 할 때, 선생님 댁이 우리 학교 근처에 있다는 것을 알았다. 반가워서 전화를 드렸더니 선생님도 나만큼 반가워했다. 이왕 통화한 김에 오늘 당장 선생님 댁으로 가서 두어 시간 정도 이야기를 나누고 야간 강의하러 학교에 가면 알맞을 것 같다는 내 사정을 말씀 드렸더니, 빨리 오라고 했다.

선생님께 드리려고 그동안 출간된 내 책들을 찾았다. 네 권이나 되니 선생님을 꽤 오랫동안 못 만난 것이다. 그렇게 참으로 오랜만에 선생님을 만나 문간방에 마주 앉았다. 내가 준비해간 책을 드리자 선생님도 그동안 출간된 동화책들을 내게 서명해주시겠다고 했다. 선생님이 앉은뱅이책상 가까이 다가갔다. 앉은뱅이책상 위에는 선생님의 동화책이 다섯 권이 놓여 있었다. 그런데 앉은뱅이책상의 높이가 아무래도 이상했다. 보통 앉은뱅이책상보다 훨씬 높았다. 그리 깔끔하지 않고 울퉁불퉁한 모습으로 보아 선생님께서 직접 뚝딱뚝딱 만든 것 같았다. 그런데 문제는 높이였다. 보통 것보다 약 20cm는 높아보였다. 그래서 책상으로서는 좀 부자연스러웠고 어색했다.

선생님이 서명을 하기 위해 책상 앞에 앉아 펜을 드는 순간 나는 책상 높이에 대한 의문이 확 풀렸다. 사실 선생님의 시력이 좋지 않다는 소문은 이미 들었다. 그런데 서명을 하기 위해 책상 위로 바싹 고개를 숙이는 순간 나는 비명을 지를 뻔했다. 조금도 과장하지 않고, 선생님의 눈과 서명할 책장과의 거리가 불과 10cm 정도 될까말까였다. 나는 선생님의 시력이 아무리 나쁘다 해도 그 정도일지는 꿈에도 상상하지 못했다. 선생님은 조심스레 책에다 서명을 했다. 서명을 하는 동안 나는 아무 말도 못하고 감전된 듯이 꼼짝 않고 숨을 죽여 바라만 보았다. 마침내 서명이 다 끝났다. 내가 조심스레 말했다.

"선생님, 시력이 좋지 않다는 소문은 이미 들었는데, 이렇게 나쁜 줄은 몰랐습니다."

선생님은 멋쩍게 허허 웃으면서 말했다.

"송 선생은 여태 내 눈이 이 정도인 줄 몰랐어요?"

"네. 선생님. 이렇게 나쁜지는 몰랐습니다."

"공안과에서 공 박사에게 치료도 받았지만, 다 소용이 없었어요."

"언제부터 눈이 그리 나빠졌습니까?"

"오래 되었습니다. 오래."

"그러면 그 눈으로 공부를 하고 독서를 하고, 그 많은 작품들을 썼습니까?"

"그럼요."

선생님은 대수롭지 않은 듯이 말했다. 그 순간 나는 내 눈을 만져보았다. 두 눈 다 멀쩡한 것이 좀 미안한 생각이 들었다.

"선생님, 정말 대단하십니다. 저는 선생님께서 이렇게 나쁜 눈으로 그 좋은 작품을 많이 쓰신 것에 대해 존경하지 않을 수 없습니다."

그럴 즈음에 사모님께서 술상을 차려왔다. 선생님은 따님이 동화작가가 된 이야기, 박사과정에서 공부를 열심히 하는 이야기, 지금 살고 있는 집을 오래 전에 싸게 산 이야기 등 여러 가지 재미있는 이야기를 들려주었다. 선생님의 이야기를 들으면서 줄곧 내 눈을 생각했다. 나는 두 눈이 멀쩡하다. 신문도 보고 명함 밑에 박힌 주소 글자까지 다 읽는다. 선생님은 저런 악조건 속에서도 한국 아동문학사에 길이 남을 명작들을 수없이 썼는데, 나는 그동안 대체 뭘 했단 말인가? 나는 자괴감이 들었고, 내가 참 초라하고 작은 것을 알았다.

그날 저녁 강의실에 들어서자마자 칠판에 다음과 같이 썼다.

'아동문학가 L 선생의 역경과 위대한 승리'

두 시간 연속으로 특강을 마치고 집으로 돌아오면서 줄곧 차 안에서 골똘히 생각했다. L선생보다 열 배 백 배나 더 좋은 눈을 두 개나 달고 그동안 나는 뭘 했나 하고 반성하고 자책했다.

집에 오자마자 책상머리에 앉아 그동안 생각한 것을 정리했다. 목표를 정하고 실천강령을 정했다. 나도 이 세상에 태어나 이 땅의 아동문학을 위해 뭔가 보람 있고 의미 있는 일을 하고 죽어야겠다고 다짐했다. 그렇다면 내가 잘할 수 있는 일이 도대체 무엇일까? 별별 상상과 별별 생각을 다한 끝에 '우리나라 농촌 풍경을 동시와 동화에 담기'를 해야겠다고 정리했다.

❶ 목표
박정희 대통령이 새마을운동을 하기 이전의 우리나라 농촌 풍경을 600편의 동시와 600편의 동화로 담는다.

❷ 실천강령
매일 한 편을 쓰지 않으면 밥을 굶는다.

위의 내용을 흰 종이에 매직으로 여러 장 썼다. 책상머리에 붙이고, 침대 머리맡에 붙이고, 화장실에도 붙였다. 그리고 다음날부터 즉각 실천에 옮겼다. 신들린 사람처럼 매일매일 한 편씩 작품의 초고를 썼다. 한 편을 쓰고 밥을 먹을 때는 전과는 다른 묘한 느낌이 들었다. 보람도 있고, 자신감도 생겼다. 시작한 지 얼마 되지 않을 때 이오덕 선생님께도 자랑을 했다. 선생님께서는 매일 한 편씩 쓴다는 것이 과연 가능할까 하고 반신반의했다.

당신에게 남은 시간이 많지 않다

결론을 말하면, L선생 눈을 보고 충격과 자극을 받아 한국 농촌 모습을 그린 김치 냄새와 된장 냄새가 나는 우리 동시 600편을 썼고, 동화 100편을 썼다. 특히 명상출판사에서 간행한 〈우리 엄마 회초리〉, 〈코딱지 후비는 재미〉, 〈풍뎅아 나랑 놀자〉는 일본의 사꼬 선생이 번역해 일본어 출판을 준비 중에 있으니 나로서는 여간 기쁘지 않다.

아직 동화 500편을 더 써야 그때 나와의 약속을 지킬 수 있다. 그런데 아직 나는 그 약속을 지키지 못했다. 죽기 전에는 반드시 그 약속을 지킬 참이다.

"성공을 위해서 시를 쓰는 시인은 불행하다."

따지고 보면 창조는 명성이나 명예와 아무 관련이 없다. 성공이나 돈과도 아무 관련이 없다. 이 말은 명예나 돈을 피하라는 뜻은 아니다. 그대가 명예나 돈을 얻게 되었다면 그것을 누리면 될 일이다. 하지만 결코 돈이나 명예를 목적으로 삼지는 말라는 것이다.

성공을 위해 시를 쓰는 사람은 결코 참 시인이 될 수 없다, 성공을 위해 시를 쓰는 사람의 에너지는 정치적이다. 그런 사람이 어떻게 아름다운 시를 창조할 수 있겠는가? 그림으로 돈을 벌려는 사람이 어떻게 참된 화가가 될 수 있겠는가?

그대여, 돈은 미래에 따라올 수도 있고 안 올 수도 있다. 성공도 그렇고 명예도 그렇다. 중요한 것은 그대의 노력과 마음가짐이다.

버스 안에서 10년 동안
엉뚱한 생각만 했더니

나는 10년 동안 버스 안에서 엉뚱한 생각을 했다. 1974년에 상경해 도봉구 쌍문동 도봉여중 근처에서 자취를 했다. 출퇴근할 때는 의정부에서 종로5가를 왕복하는 12번, 13번 좌석버스를 이용했다. 그 무렵에는 버스 운전기사들은 온종일 라디오나 카세트를 틀어놓는 것이 예사였다.

나는 대학 다닐 때 클래식 음악다방에서 개근상을 받을 정도로 클래식을 좋아했다. 그런 내가 출퇴근할 때마다 유행가를 들어야 하는 것은 고역 중에서도 고역이었다. 그렇다고 해서 운전기사에게 "유행가 좀 꺼달라" 했다가는 "자가용 탈 고귀한 분이 버스를 왜 탔어요?

이 버스 당신 혼자 타고 다니는 게 아니오!"라는 핀잔을 안 들으면 본
전이었을 것이다.

처음 한두 달 동안은 버스를 탈 때마다 엄청 스트레스를 받았다. 그
래서 버스 타는 것이 두렵기까지 했다. 유행가 안 들으려고 별별 궁리
를 다했다. 책을 펴놓으면 그놈의 유행가 때문에 글자가 도통 눈에 들
어오지 않았다. 영어 단어나 일본어 단어를 욀까 해도 그 역시 쉽지가
않았다. 듣기 싫은 유행가 가사가 귀에 들어오는 바람에 어떤 것에도
집중이 되지 않았다.

그러던 어느 날 나는 창 밖에 보이는 간판의 글자꼴과 도로표지판
의 글자꼴을 연구하면 어떨까 하는 생각이 머릿속을 퍼뜩 스쳐 지나
갔다. 그 순간 나는 무릎을 쳤다.

'옳지, 도로표지판 글자꼴과 간판 글자꼴을 연구해야지!'

당장 문방구로 달려가 배추장수들이 일수 찍을 때 쓰는 작은 공책
을 여러 권 샀다. 그 하나를 바지 뒷주머니에 넣고 다음 날부터 버스
만 타면 창밖에 보이는 간판과 도로표지판의 글자꼴을 뚫어지게 쳐다
보았다.

참 신기했다. 다른 것에 신경 썼을 때는 유행가 가락과 가사가 더
또렷하게 들렸는데, 글자꼴에 신경을 쓸 때는 엉뚱한 일이 벌어졌다.
유행가 가락과 가사가 거의 들리지 않는 것이다.

간판이나 도로표지판의 한글 글자꼴을 보면서 나는 별별 상상을 다
하고 별별 궁리를 다했다. '어떻게 하면 글자의 모양이 좋아질까' 에서

'어떤 글자가 가독성과 판독성이 높을까? 어떤 글자꼴로 도로표지판을 만들면 멀리서도 글자가 잘 보일까? 지금 내 눈에 보이는 저 글자의 획을 어떻게 키우면 가독성이 높을까?'

이런 생각을 골똘히 하다가 내려야 할 곳을 놓친 적도 한두 번이 아니었다. 심지어 의정부 가는 막차에서, 내릴 곳을 그냥 지나쳐 종점까지 가 통금에 걸려 여인숙에서 자고 온 적도 있었다.

버스만 타면 유행가 안 들으려고 창밖에 보이는 도로표지판 글자와 간판 글자를 뚫어지게 쳐다보면서 글자꼴 공부를 한 지 어언 10년이 흘렀다. 서당 개는 3년이면 풍월을 읊는다던데 나는 도로표지판 글자와 간판 글자꼴을 10년이나 공부했으니 나름의 풍월을 읊지 않을 수 없었다.

월간 〈디자인〉사의 이영혜 사장에게 버스 안에서 유행가 안 들으려고 한글 글자꼴 연구를 10년 동안 했다는 이야기를 했더니, 깊은 관심을 표했다. 나는 용기를 내 구체적인 내용 일부를 소개하면서 10년 연구한 것을 출판했으면 좋겠지만, 팔리지 않을 책을 누가 찍어줄까 하고 염려했더니, 선뜻 디자인사 출판부에서 찍어주겠다고 했다.

그날 밤 집에 오자마자 10년 동안 연구한 자료를 한장 한장 최종 정리를 해 '한글자형학'을 완성한 뒤 이영혜 사장에게 가져갔다. 그 무렵 우리나라 최고의 북디자이너 정병규 선생에게 표지 디자인을 맡기고 여러 가지 귀한 자료들을 곁들여 〈한글자형학〉을 출판해주었다. 그때가 1985년이었으니 내가 글자꼴 연구를 시작한 지 꼭 10년이 지난 뒤였다.

이 〈한글자형학〉은 '한글자형학' 이란 새로운 학문을 창시한 책이 되었다. 그 뒤에 북한의 김일성대학교, 연변대학교, 독일 본대학 한국학연구소 등에서도 이 책을 연구한다는 말을 듣고 적잖이 놀랐다.

2008년 5월에 파주 출판단지에 갔더니 도로 양옆에 화려한 깃발이 펄럭이고 있었는데, 자세히 보니 '한글과 스승' 이란 주제의 한글 글자꼴 관련 전시회 깃발이었다. 서울여대 한재준 교수가 총감독으로 기획한 한글 글자꼴 관련 행사였는데, 이 방면 행사로는 최대 규모였다.

그 행사장에서 나는 내 눈을 의심하지 않을 수 없었다. 군데군데 내 사진이 붙어 있었고, 내가 쓴 〈한글자형학〉, 〈한글기계화 운동〉 등이 아주 귀한 대접을 받고 있었다. 그리고 내가 했던 말들 일부는 '송현 어록' 으로 소개되어 있었다.

그때 디자인사 이영혜 사장 외에 어느 누구도 심지어 내 아내까지도 거들떠도 안 보던 〈한글자형학〉이 무려 25년이 지난 후에야 비로소 관련 전문가들에게 인정을 받고, 귀한 대우를 받게 되다니, 세상에 이런 기막힌 일이 내 생전에 일어나리라고는 정말 꿈에도 상상하지 못했다.

2008년에는 예술의전당에서 개최된 국립국어원과 한국시각디자인협회가 주최하는 한글 글자꼴 세미나에 초대받고 갔더니 내게 한마디 할 기회를 주는 것이었다. 그때 나는 1974년 상경해 버스 타고 유행가 듣지 않으려고 도로표지판과 간판 글자꼴 연구를 10년간 해 한글자형학을 완성한 이야기를 들려주어 많은 박수를 받았다.

한번은 산돌사 석금호 선생의 점심 초대에 갔다가 무슨 말 끝에 한글자형학 이야기를 했더니 예쁘고 깔끔하게 재판을 찍어주겠다고 했다. 근 20년째 절판이 된 〈한글자형학〉을 석금호 선생께서 예쁘게 수정증보판을 찍어주겠다니, 세상에 이런 기쁜 일이 또 어디에 있을까!

이제 다시 생각해보니 그때 유행가를 크게 틀었던 운전기사는 내게 엄청 고마운 사람이 아닐 수 없다. 운전기사들이 유행가를 크게 틀지 않았더라면 이 땅에 〈한글자형학〉은 나오지 않았을지도 모른다. 그러고 보니 내 주위에는 고마운 사람이 너무나 많고, 나는 운도 좋고 복도 많은 사람이지 싶다.

"항상 깨어 있고 문을 열어두라."

그대는 항상 길을 터놓아야 한다. 그런데 그대는 항상 길을 막고 있다. 분명한 것은 길을 막고 있는 사람에게는 기회가 오지 않는다는 사실이다. 많은 사람들이 깨달음 직전까지 갈 수는 있다. 그러나 그것을 받아들일 준비가 되어 있지 않기 때문에 깨달음을 놓치고 만다. 기회가 눈앞에 왔는데도 받아들일 준비가 되어 있지 않기 때문이다.

화장터에 자주
견학을 가라

만약 그대가 창조적인 삶을 추구하려는 욕심이 쥐꼬리만큼이라도 있다면, 여름에 피서 가는 일보다 더 급한 일이 있다. 그것은 다름 아닌 화장터에 견학을 가는 일이다. 그대가 만약 지금까지 한번도 화장터에 가본 적이 없다면, 더더욱 이 말을 귀담아 들어야 한다.

만약, 그대가 화장터에 견학을 가본 적이 없다면, 어쩌면 지금까지 살아온 인생의 절반은 헛살았을지 모른다. 절반 이상이 아니라 그 이상을 헛살았을지 모른다. 혹시 헛살았다는 표현에 동의할 수 없다면, 적어도 엄청나게 많은 시간과 정력을 별 대수롭지 않은 일에 허비했을 것은 분명하다!

혹시 그대가 화장터에 가 보았다면, 그것은 문상객의 자격이었거나, 가족이나 친지나 가까운 사람의 죽음 앞에 가족이나 친지의 자격으로 슬픔과 비통한 마음에 젖어서 갔을 것이다. 그럴 경우 그대는 틀림없이 상심에 젖어 있었기 때문에 사물이나 현상을 제대로 보지 못했을 가능성이 높다. 슬픔에 젖어 상심한 사람의 눈으로 사물을 보는 것은 아무래도 감상적이기 쉽다.

그래서 무엇을 배운다는 것은 매우 어려운 일이 아닐 수 없다. 그래서 전에 그대가 화장터에 가보았던 경험은 무효이다! 나는 지금 그대에게 정식으로 화장터 견학을 권하는 것이다. 그래 견학이다. 견학(見學)이란 글자 그대로 보고 배운다는 뜻이다.

화장터에 가서 보고 배워야 할 중요한 것이 있다. 그대와 아무 상관이 없는 사람의 죽음, 이름도 성도 모르고, 얼굴도 모르는 타인의 죽음을 슬픔에 젖지 않고, 이성적으로 객관적으로 냉정하게 볼 수 있다. 그래야 그대는 많은 것을 깨달을 수 있으며, 이 과정에서 엄청나게 새로운 경험을 할 것이다.

설령, 그대가 여행을 아무리 많이 했더라도, 독서를 아무리 많이 했더라도 학문이 아무리 깊더라도 그것은 화장터의 견학에서 배우는 것에 비할 바가 아니다. 그대가 지금까지 보아온 것은 대부분 피상적인 것들에 불과하다. 그대는 사물의 본질을 보아야 한다. 삶이란 무엇인가 하는 본질적인 물음 앞에 보다 겸허한 마음으로 자신을 되돌아보고, 스스로를 채찍질해야 한다. 그러자면 삶의 가장 궁극의 길, 마지막 모습을 냉철하게 볼 수 있어야 한다.

한순간에 육신이 타고 마침내 뼈 한 자루, 아니 한줌 회색빛 뼛가루로 되돌아오는 과정을 경건한 마음으로 견학해야 한다. 어느 산자락 혹은 어느 물굽이에 뿌려져 마침내 바람결에 흩날려 흩어져 사라질 삶의 마지막 과정을 경건한 마음으로 지켜보아야 한다. 그래서 그 과정이 그대가 삶의 궁극에, 다시 말해 마지막 과정으로 그대도 통과해야 할 관문이라는 사실을 받아들여야 한다. 넓게는 삶을, 좁게는 그대 내면을 가장 짧은 시간에 가장 깊이 들여다보기 위해 화장터에 견학을 가야 한다.

알렉산드로스 대왕이 죽기 전에 신하들에게 말했다.

"이제 나의 죽음이 가까워지고 있다. 나는 마지막으로 그대들에게 부탁이 있다."

그러자 신하들이 촉각을 곤두세웠다. 신하로서 혹은 부하로서 대왕의 죽음 그 자체에 대한 슬픔도 슬픔이려니와 한편으로는 혹시 자기에게 유리한 무슨 떡고물이 생기는 유언이라도 있지 않나 하는 기대 때문이었다. 직급이 낮은 치들은 자기에게 직접 떡고물 생길 일이야 없겠지만, 자기 보스나 자기 계보에 유리한 떡고물이 떨어질 것은 기대할 만한 일이다. 신하들이 저마다 다른 꿍꿍이속을 하고 헛물을 켜고 있을 때 대왕이 말했다.

"그대들이 내 시체를 관에 넣을 때 두 손이 관 밖으로 나오도록 하라!"

이 말은 너무나 뜻밖이었다. 신하들은 눈이 뚱그레졌다. 자기들이 은근히 기대하는 것과는 너무나 엉뚱하고 거리가 먼, 김이 팍 새는 주문이었다.

대왕은 계속해서 말했다.

"그리고 내 두 손을 덮지 마라!"

대왕의 이 주문은 너무 뜻밖의 것이었다. 그러자 신하들에게 큰 혼란이 일어났다. 지금까지 아무도 죽은 뒤에 그런 식으로 운반한 적이 없었기 때문이었다. 신하 중에서 누군가가 조심스럽게 말했다.

"폐하, 무슨 말씀이오니까? 이는 일반적인 방식이 아닙니다!"

또 다른 신하도 거들었다.

"폐하, 아뢰옵기 황공하오나, 몸 전체를 덮는 것이 지금까지의 관례입니다. 왜 하필 두 어수가 나오기를 바라십니까?"

대왕이 대답했다.

"내 말을 왜 그리도 못 알아듣는가! 나는 내가 빈손으로 죽는다는 사실을 알리고 싶기 때문이다. 누구나 이것을 보아야 하며, 아무도 다시는 알렉산드로스처럼 되려고 해서는 안 된다. 나는 많은 것을 얻었으나 사실은 아직 아무것도 얻지 못했으며, 내 왕국은 거대하지만 나는 여전히 가난하다."

대왕이 남긴 마지막 이 말은 아! 하는 경탄의 감탄사 없이는 들을 수 없는 말이다.

"나는 내가 빈손으로 죽는다는 사실을 알리고 싶다. 나는 많은 것을

당신에게 남은 시간이 많지 않다

얻었으나, 사실 아무것도 얻지 못했으며, 내 왕국은 거대하지만 나는
여전히 가난하다!"

이 말 한마디는 골치 아픈 칸트전집이나, 어느 귀신이 잡아가는지
도 모르게 복잡한 헤겔전집을 읽는 것보다 한순간에 삶의 본질을 꿰
뚫어보게 하는 명언이 아닐 수 없다.

알렉산드로스조차도 많은 것을 얻었으나 사실은 아직 아무것도 얻
지 못했다고 탄식하지 않던가! 그야말로 살아생전에는 이 세상 그 누
구보다 강한 명장이었고, 또 대왕이었지만 죽는 순간에는 가장 진실
한 한 인간으로, 가장 위대한 철학자로 죽은 것이다.

견학에서 돌아올 때 그대는 지금 너무 많이 가지고 있지 않은가 하
고 자신에게 물어야 한다. 그대는 지금 당장 누구를 용서해야 하는가
생각해보아야 한다. 그대는 지금 당장 갚아야 할 빚은 없는가 생각해
야 한다. 그 빚이 물질적이든 마음의 빚이든 상관없다. 그대는 지금
누구를 오해하고 있지는 않은지 반성해야 한다. 그대는 지금 너무 부
질없는 것에 아등바등하는 것은 아닌지 자문해야 한다.

그대는 지금 터무니없는 욕심 때문에 눈과 귀가 멀어 있는지 반문
해야 한다. 그대는 지금 정말 부질없는 것을 갖기 위해 인생의 가장
중요한 시기를 낭비하고 있지는 않는지 생각해볼 일이다. 그대는 지
금 엉뚱한 다리를 긁고 있지는 않은지 생각해야 한다. 이러한 철저한
자기반성 내지는 자기 검정을 해야 한다.

끝으로 그대는 오늘 화장터에서 본, 뼈 한 자루, 뼛가루 한 줌이 언

젠가 그대 곁으로 돌아올 것이란 사실을 명심해야 한다. 해마다 여름이면 산이나 바닷가에 모여든 그 엄청난 무리들 중에 화장터 견학을 다녀온 사람은 도대체 몇이나 될지 궁금하다. 

"알렉산드로스 대왕도 죽을 때는 빈손으로 간다."

그대가 칸트나 헤겔이나 니체 따위를 들먹일 것까지 없다. 그 복잡한 이론, 그 구질구질하고 골 때리는 논리와 학술용어가 알렉산드로스 대왕이 죽기 직전에 "나를 관 속에 넣을 때 두 손은 관 밖으로 나오게 하라. 대왕조차도 죽을 때는 빈손으로 가는 것을 세상 사람들에게 알려주고 싶다"라는 명언 앞에는 아무짝에도 소용이 없어지고 만다.

알렉산드로스의 말 한마디와 칸트전집과 맞바꿀 필요도 없고, 헤겔전집과 맞바꿀 필요가 없다. 이 말 한마디, 이런 소름끼치는 진실을 그대가 무슨 소린지 못 알아듣는다면, 그대는 그야말로 돌이다 돌.

서서 하면 성공하고
앉아서 하면 망하고

뜻밖에 KBS TV의 조병상 PD에게서 전화가 왔다.

"송 선생님, 한 가지 좀 도와주십시오."

"제가 도와드릴 게 무엇인데요?"

"전화로 결론부터 말씀드리지요. '비즈니스맨 시대' 라는 아침 프로를 갑자기 제가 맡게 되었습니다. 이 프로의 진행을 송 선생님께서 해 주셨으면 합니다."

너무나 뜻밖의 주문이었다. 내가 말했다.

"아니, 제가 그 분야의 전문가도 아닌데 어찌 저에게 그런 프로 진행을 부탁하는 것입니까?"

"제가 보기에는 송 선생님이 가장 적임자입니다. 그러니 사양마시고 좀 맡아주십시오."

"제가 적임자라는 객관적 근거가 뭐가 있는데요?"

"송 선생님께서 공병우타자기 회사 사장할 때 국내 최초로 회의를 서서 할 정도로 소문이 나 있는 분인데, 회의를 서서 할 정도라면 다른 면은 안 봐도 짐작할 수 있지 않습니까. 그러니 실무에 밝은 송 선생님이 맡으면 아주 훌륭한 프로가 될 것 같습니다. 이번에는 송 선생님께서 저를 한번 꼭 좀 도와주십시오."

사실 나는 앉아서 하는 회의보다 서서 하는 회의를 더 좋아한다. 서양 속담에 여자의 치마와 연설은 짧을수록 좋다는 말이 있다. 나는 짧으면 좋은 것에 회의도 추가시켰으면 하는 바람이다.

했던 소리 또 하고 했던 소리 또 하며 잔소리 늘어놓고 횡설수설하는 사람에게는 앉아서 느긋하게 회의하는 것이 좋을지 몰라도 듣는 사람에게는 일종의 고문이다. 짧은 밑천 가지고 횡설수설하는 것이나 아는 척하는 것은 말릴 수도 없고 약도 없다. 내가 회의를 서서 하는 까닭은 시간을 절약하기 위함이다. 그리고 대부분의 경우 회의가 끝나고 나면 결론도 없는 경우가 많다.

회의를 서서 오래 하면 우선 다리가 아프다. 오래 할 수가 없다. 그러니 회의를 서서 하면 정상적인 집단이라면 자연히 빨리 끝내기 마련이다. 물론 앉아서도 회의를 빨리 끝낼 수도 있다. 그래도 서서 하는 회의보다 길어지기 쉽다.

　　장개석 군대가 회의 좋아하다가 망했다는 말이 있는데, 충분히 그러고도 남았을 것이다. 우리나라 사람들이 오랫동안 관의 횡포에 시달리고 살아서 그런지 박정희와 전두환 두 군사정권 하에서 말 한마디 제대로 못하고 살아서 그런지 말을 간단하고 조리 있게 하는 사람이 흔하지 않다. 말을 했다하면 귀신 씨나락 까먹는 소리를 하는 수가 빈번하다.

　　우리나라 교육이 입시지옥을 통과하기 위한 주입식교육 일변도라 그런지 학교에서도 조리 있게 말하는 교육이 거의 전무하다.

　　말뿐 아니라 글은 더하다. 잡지사 기자들 이야기를 들어보면, 필자가 써온 글을 그대로 실을 수 있는 경우는 극히 드물다고 한다. 횡설수설하는 부분은 줄이고, 뜻이 불분명한 부분은 명료하게 고쳐서 싣는 일이 많다고 한다.

　　회사나 집단에서 회의하는 것도 이와 다르지 않다. 대부분의 발언들은 절반으로 줄여도 아무 문제가 없는 것이다. 한마디로 할 수 있는 것을 두세 마디로 늘어놓는 경우가 의외로 많다. 그런 사람들이 모여서 하는 회의는 서서 해야 한다. 그러면 우선 다리가 아파 서로 힘들어진다.

　　이 땅의 회의 중에는 5분이면 될 것을 20분 30분 하고, 30분이면 될 회의를 한 시간 넘게 하는 경우가 많다. 심지어 출근하자마자 간부들 모아놓고 한두 시간씩 회의를 하는 회사가 있는데, 이는 구제불능에 가깝다. 회사 간부들 중에는 중언부언하는 소리, 횡설수설, 공자 앞에서 문자 쓰는 경우도 웃기지만 그 회의가 끝날 때까지 회사 전체가 마비되는 것이 더 문제이다. 나는 회의용 시계가 따로 있다. 이 시계는 일제이다. 국산에는 아직 그런 시계가 없다. 그것은 그런 시계가 필요한 사람이 거의 없기 때문이리라. 나는 회의를 할 때 미리 시간을 공개한다.

"오늘 회의는 10분 안에 끝내면 좋겠습니다."

"오늘 회의는 1시간 안에 끝내면 좋겠습니다."

미리 공개한 시간에 시계를 맞추어놓고 회의를 시작한다. 10분에 끝날 회의는 10분이 되면 따르릉 소리가 나고, 30분에 끝낼 회의는 30분이 되면 따르릉 소리가 난다. 그러면 칼같이 회의를 끝낸다.

회의용 시계를 틀어놓고, 회의를 서서 하는 연습을 해야 한다. 여러 번 하다보면 회의 참석자들이 말을 간결하게 하고, 중언부언하지 않고, 별로 중요하지 않은 말은 하지 않게 된다.

아직도 우리나라에서는 세월아 가거라식 회의를 하는 회사나 집단이 많다. 우리나라 공중전화의 기본 통화 시간을 3분에서 2분으로 줄이는 데 수십 년이 걸렸다고 한다. 나는 2분도 길다고 생각한다. 1분 30초 혹은 1분으로 줄여야 한다. 하루 빨리 우리나라에서도 서서 회의를 하는 회사와 집단이 늘어나기 바란다. ⧗

"삶은 논리를 초월한다."

어느 날 토끼가 무심코 지네의 다리를 쳐다보았다. 그러고는 자기의 다리를 한 번 보았다. 자기는 다리가 두 개뿐인데, 지네는 셀 수 없이 많았다. 토끼는 갑자기 의문이 생겨 물었다.

"지네야, 나는 참 혼란스럽다. 너는 그 다리들을 어떻게 조종하는지 도저히 상상할 수조차 없구나. 어떤 순서로 다리를 움직이며, 순서대로 움직이다 보면 혹시 헷갈리는 경우는 없는지 궁금하다. 논리적으로 조목조목 설명을 해다오."

지네는 토끼의 질문을 받고 어리둥절했다. 왜냐하면 그동안 그런 것을 한번도 생각해본 적이 없었기 때문이다. 지네가 말했다.

"나는 지금까지 그딴 것에 대해 한번도 생각해보지 않았어. 그렇지만, 이제 그것에 대해 생각해 보아야겠구나."

지네는 자신의 다리를 바라보았다. 이 무수한 다리들! 지네는 당황했다. 마침내 지네는 털썩 주저앉고 말았다. 토끼가 질문하기 전까지만 해도 지네는 조금도 혼란스럽지 않았다. 논리적으로 따질 필요를 한 번도 느껴본 적이 없었다. 지네의 발은 몸의 한 부분이고, 걸음은 일상의 한 부분이었기 때문이다.

고수 할아버지에게서
배운 진리

내가 좋아하는 남기영 사장의 배려로 CBS교육문화센터에서 '행복론', '고수론', '사랑론' 등의 공개강좌 문제를 협의하기로 했다. 약속한 날 아침 일찍 장안평역에서 지하철로 김포공항 역사 안에 있는 CBS교육문화센터로 갔다.

약속시간에 늦지 않으려고 너무 일찍 출발한 탓에 약속시간보다 한 시간 가량이나 빨리 도착했다. 그 시간에 딱히 할 일이 없어서 역 안에 있는 벤치에서 책을 읽으려고 전동차 앞머리 쪽 벤치로 향했다. 다른 사람들은 출구 쪽으로 빠르게 종종걸음을 치는 것과 반대로 나는 벤치 쪽으로 성큼성큼 걸어갔다.

그 시간에 한가롭게 벤치에 앉아 있는 사람은 한 명도 없었다. 나는 가방을 내려놓고 벤치에 털썩 앉았다. 그러고 보니 할아버지 한 분이 벤치 옆 구석에 앉아 지하철에서 주워 모은 아침 신문 등을 간추리고 있었다. 나는 예사롭게 보고 할아버지를 신경 쓰지 않았다.

눕기 좋아하는 나는 책을 꺼내들고 평소 버릇대로 지하철 벤치에 누웠다. 그 순간 할아버지가 신문지를 간추리는 동작이 평범하지 않다는 사실을 알았다. 지하철 안에서 한번 보고 버리는 무가지 따위를 주워 차곡차곡 간추리는데 그 태도가 예사롭지 않았다. 신문 한 부를 들고 헝클어진 부분을 한장 한장 일일이 똑바로 펴는 것에서 똑바로 편 신문지를 다른 장과 키를 나란히 맞추는 것이었다.

나는 그동안 간추려놓은 신문지 더미를 살펴보고 깜짝 놀랐다. 폐 신문지를 간추려놓은 것이 한마디로 예술이었다. 신문사에서 신문꾸러미가 나올 때도 저 정도로까지는 가지런하지 않을 것 같았다. 그 순간 나는 신문을 가지런히 펴서 정리하는 동작을 유심히 살펴보았다. 형형한 눈빛과 손놀림이 진지했고 평범하지 않았다. 도저히 나는 참을 수가 없었다.

"할아버지, 한 가지 여쭤봐도 되겠습니까?"

"?"

할아버지는 대꾸 대신 나를 물끄러미 쳐다보았다.

"할아버지, 저는 글을 쓰는 사람입니다. 그래서 세상일에 관심이 많습니다. 할아버지께서는 아침 신문 주운 것을 간추려서 폐지로 파실

거지요?"

할아버지는 대답 대신 고개를 끄덕였다.

"그러면 그렇게 정교하게 정리하지 않아도 되지 않습니까?"

이번에도 대답 대신 고개를 끄덕였다.

"그러면 왜 그렇게 정교하게 간추리시는지요?"

할아버지는 대꾸를 하지 않을 듯하다가 내가 집요하게 물어올 것을 눈치 챘는지 천천히 한마디했다.

"내가 올해 칠십 여덟인데 집중력을 떨어뜨리지 않게 하려고, 이런 작은 일을 통해서 집중력 훈련 삼아 이러고 있는 거요."

나는 그 순간 벤치에서 벌떡 일어나 할아버지 옆자리에 털썩 주저 앉으면서 말했다.

"선생님, 저도 한 수 배우겠습니다."

조금 전까지만 해도 '할아버지'라고 호칭하다가 갑자기 '선생님' 이라고 호칭을 바꾼 것부터 내가 땅바닥에 털썩 주저앉는 것이 좀 신기한 모양이었다. 나를 물끄러미 바라보더니 할아버지가 빙그레 웃었다. 나도 멋쩍게 따라 웃었다.

나는 할아버지 옆에 퍼질러앉아 집중력 훈련 연습을 했다. 막상 해 보니 생각보다 그리 쉽지 않았다. 내 딴에는 잘한다고 해도 할아버지가 한 것과 비교하면 영 아니올씨다였다. 작업 속도 또한 절반도 따라 가지 못했다. 나는 내 자신을 돌아보았다. 할아버지는 폐신문지 간추 리는 것조차도 저렇게 진지하게, 저렇게 치열하게 온몸으로 하는데 나는 그동안 내 삶의 순간순간들을 얼마나 가볍게 얼마나 성의 없게 대충 살았던가를 크게 반성하고 후회했다.

뜻밖의 자리에서 만난 이 할아버지는 내 삶에서 만난 또 한 분의 스승이었다. 할아버지 몰래 몇 번이나 거룩한 모습을 훔쳐보면서 내 마음을 추스렸다. 그날 아침 나는 약 한 시간 가까이 할아버지 옆에서 집중력 훈련 연습을 하는 동안 참 즐겁고 행복했다.

"진정으로 한 수 배우려면 잔을 비워야 한다."

일본 임제종(臨濟宗)의 승려 중에 유명한 난닌(1834~1904)이란 선사가 있었다. 한 번은 어떤 철학교수가 난닌을 찾아갔다.

"잠깐 기다리세요. 차를 준비하겠습니다."

난닌은 차를 준비하면서 이미 교수를 꿰뚫어보았다. 마침내 난닌이 차를 따르기 시작하자 교수는 불안해졌다. 난닌이 멈추지 않고 계속 차를 부었던 것이다. 잔이 넘쳐도 계속 차를 붓자 급기야 교수가 소리쳤다.

"이게 무슨 짓입니까? 물이 넘치고 있지 않습니까? 대체 이게 무슨 무례입니까?"

난닌이 말했다.

"당신도 이와 같군요. 당신은 잔이 넘치는 것은 매우 민감하게 보고 계시는군요. 그런데 왜 당신 자신에 대해서는 그렇게 깨어 있지 못하십니까? 당신은 당신의 의견과 철학, 독단과 경전의 지식들로 넘치고 있군요. 내가 줄 것이 아무것도 없습니다. 나에게 오기 전에 당신은 스스로의 잔을 비웠어야 합니다. 그랬다면 그 안에 뭔가 채울 수 있었을 것입니다."

제5부

그대는
보석상이
되어야 한다

한 젊은이가 성자를 찾아가 불평을 했다.

"선생님, 우리 동네에 수도승들이 있는데 그들은 순 엉터리들입니다."

그러자 성자가 반지를 주면서 젊은이에게 말했다.

"이 반지를 시장 노점상들에게 가져가 금 한 조각과 바꿀 수 있는지 알아오게."

젊은이는 반지를 들고 시장으로 가 노점상에게 보여주면서 금 한 조각과 바꿀 수 있는지 물었다. 노점상은 고개를 설레설레 저었다. 다른 노점상에게 가서 물었으나 역시 고개를 설레설레 저었다. 젊은이는 반지를 들고 돌아와 성자에게 말했다.

"선생님, 제가 노점상 여러 군데를 돌아다녔지만 이 반지를 금 한 조각과 바꿀 수 없다고 하더군요."

성자가 말했다.

"이번에는 귀금속상에게 가서 물어보아라."

젊은이는 반지를 들고 귀금속상에게 가서 금 한 조각과 바꿀 수 있는지 물었다. 귀금속상 주인은 반지를 보자 반색을 하면서 아주 큰 금덩어리와 바꿀 수 있다고 했다. 젊은이는 깜짝 놀랐다. 믿기지 않아 다른 귀금속상에게 가서 물었다. 대답은 같았다. 젊은이는 반지를 들고 돌아와 성자에게 말했다.

"선생님, 귀금속상을 여러 군데 들렀는데, 다들 제법 큰 금조각과 바꿀 수 있다고 하더군요."

스승이 말했다.

"그대가 아까 마을의 수도승에 대한 비판을 한 것도 이와 같다. 그대가 아는 지식은 시장 노점상들이 알고 있는 정도에 불과하다. 진정으로 보석을 알려면 그대가 보석상이 되어야 한다. 그대가 보석상이 되기 전에는 보석을 볼 수 없다."

그대는 노점상으로 살 것인가, 보석상으로 살 것인가?

그대는 지금까지 겨우 노점상 수준이었을지 모른다. 노점상들은 반지의 진가를 모른다. 왜냐하면 그들의 실력이 그것밖에 되지 않기 때문이다. 실력이 없으면 안목도 낮을 수밖에 없다.

그대는 노점상으로 살 것인가, 보석상으로 살 것인가?

그대는 세상을 살아가면서 수많은 사람들을 만날 것이다. 그런데 그대가 노점상 수준이라면 눈앞에 아무리 귀한 인연이 서 있어도 알아보지 못하고 스쳐 지나갈 것이다. 그대가 보석상이 되어야 보석을 알아보는 안목이 생긴다.

그대는 노점상으로 살 것인가, 보석상으로 살 것인가?

그대가 보석상이 되면 결코 눈앞에 서 있는 귀한 인연을 스쳐 지나가는 실수는 하지 않을 것이다. 그대가 보석상이 되면 어떤 보석도 그 수준과 가격을 정확히 알아볼 것이다. 그대가 지금 노점상이라면 하루 빨리 보석상으로 탈바꿈할 준비를 해야 한다.

마광수 교수와 이종환 선생보다
몸값 더 달라(1)

국내에서 케이블 TV가 최초로 생겼을 때 두산그룹에서 DSN방송(채널 23)을 확보하고 개국을 준비할 무렵이다. 두산방송국이라면서 내게 전화가 왔다.

"송 선생님, 안녕하십니까? 저는 신 아무개 PD입니다. 저희 방송에서 비중 있는 프로 세 개를 기획하고 있습니다. 하나는 마광수의 문학이야기이고 또 하나는 이종환의 음악이야기이고 나머지 하나는 송현 선생님의 영재교실입니다."

"네에? 영재교실이란 프로의 진행을 저에게 맡기고 싶다고요?"

"그렇습니다. 위의 세 프로는 우리 방송국에서 가장 비중 있는 프로가 될 것입니다. 그중에서도 송 선생님께 진행을 맡기려고 하는 영재 교실이 회사의 간판 프로에 해당하는 것이라 할 수 있습니다. 한 시간 짜리 프로입니다.”

“그래요?”

뜻밖의 전화였다. 그리고 반가운 전화였다. 자세한 것은 만나서 협의하기로 하고 전화를 끊었다.

신 PD와 약속한 프레스센터로 갔다. 신 PD가 동료 PD 한 명과 먼저 와 있었다. 차를 마시면서 내가 물었다.

“신 PD님, 우선 궁금한 것 한 가지부터 질문하겠습니다. 제가 유명 인사도 아닌데 회사의 간판 프로라고 하는 중요한 프로의 진행을 왜 저에게 맡기려고 하는지요? 혹시 누가 저를 추천했는지 말해줄 수 있습니까?”

“말해 드리지요. 제가 추천했습니다.”

참 뜻밖이었다.

“저는 신 PD님이 초면인데, 저를 어찌 압니까?”

신 PD는 내가 다른 텔레비전 프로에 패널로 나와 이야기하는 것을 몇번 보았으며 내 이야기에 공감을 많이 했단다. 그래서 은근히 나를 눈여겨보아 두었다고 했다. 내가 물었다.

“그래요? 제가 어떤 프로에서 무슨 소리를 한 것이 신 PD를 공감하게 했는지 궁금합니다. 아니, 그냥 나 듣기 좋으라고 한 외교적 수사겠지요?”

신 PD는 입가에 잠시 미소를 머금고 입을 열었다.

"아닙니다. 송 선생님, 한 가지만 말씀드리겠습니다. 송 선생님께서 언젠가 KBS TV '생방송 여성' 에 나와 중학교 따님이 생리를 처음할 때 생리대 사주신 이야기하시는 것을 보았는데, 아주 감동적이었습니다. 자연스럽고 진솔하고 용기 있게 말씀하시는 것을 보고 많이 배웠고, 크게 공감했습니다. 그리고 참 인상 깊었습니다."

그날은 내가 프레스센터 행사에 참석할 일이 있어서 상견례 수준의 만남으로 만족하고, 다음 주에 내 연구실에서 다시 만나 깊은 이야기를 협의하기로 했다.

일주일 뒤 내 연구실에서 다시 만나 본론을 협의했다. 주 1회 방송, 방송 시간은 60분, 녹화는 일주일에 2회씩, 녹화 날짜는 무슨 요일……. 그가 내게 호감을 가지고 있었고 또 나를 인정해준 것이 고마워 협의가 쉽게 되었다. 마무리 부분에서 내 의견 하나를 말했다.

"신 PD님, 제가 알기로 다른 프로들은 대부분 작가들이 써준 대로 진행자가 진행을 하는 것으로 압니다. 그런데 제가 만약 영재교실이란 프로를 맡게 되면, 저는 작가들이 써준 그대로 진행하는 것은 반대입니다."

"그게 무슨 말씀인지요?"

"작가의 대본을 완전히 무시하겠다는 것은 아닙니다. 다만 앵무새처럼 대본대로 하지는 않겠다는 얘깁니다. 저도 교단에서 10여년 학생들을 가르쳐본 경험도 있고, 예수님보다 세상을 더 오래 살았습니

다. 그래서 간간이 제 의견을 주장하겠다는 것입니다. 그러면 더러 대
본과 일치하지 않을 수도 있을 것이라 생각합니다. 그래도 됩니까?"

"물론이지요. 그게 선생님 매력 아닙니까!"

일사천리로 협의가 진행되어 얼추 마무리 단계가 되었다. 그때 내
가 물었다.

"신 PD님! 저에 대한 몸값은 얼마나 계산해줄 생각입니까?"

신 PD는 활짝 웃으면서 당당하게 말했다.

"안 그래도 그 말씀을 드리려던 참인데 선생님께서 선수를 치시는
군요. 결론부터 말씀 드리면, 마광수 교수나 이종환 선생과 같은 수준
으로 대우해 드리려고 합니다."

신 PD가 자신 있게 말하는 것으로 보아 내가 당연히 흔쾌히 수락할
것이라 믿는 것 같았다. 그의 말이 끝나자마자 내가 말했다.

"저는 그 안에 수락할 수 없습니다!"

신 PD는 내 대답이 믿어지지 않는다는 듯이 어이없다는 표정을 지
었다.

"아니, 송 선생님, 마 교수나 이 선생과 똑같은 수준으로 대우하면
우리 방송국 최고의 수준입니다. 솔직히 송 선생님은 마 교수나 이 선
생만큼 대중에게 인지도가……."

"맞습니다. 그분들은 모르는 사람이 없을 정도로 유명한 분들이고,
송현은 무명용사인 줄은 제가 잘 압니다."

"그러시다면 왜 그분들과 똑같은 수준의 대우를 수락할 수 없다는

것인지, 저로서는 정말 납득할 수 없습니다.”

“그분들보다 더 많은 대우를 해주지 않으면 지금까지 협의한 것 다 없었던 일로 해도 좋습니다.”

“?”

신 PD는 도저히 이해할 수 없다는 표정을 지었다.

내가 단호하게 말했다.

“신 PD님, 제가 그분들보다 몸값을 더 쳐달라는 이유를 말씀 드리겠습니다. 제 이야기를 들으시고, 제 주장이 타당하면 들어주시고, 타당하지 않으면 안 들어줘도 좋습니다.”

“좋습니다. 일단 이유가 뭔지 한번 들어보겠습니다.”

나는 그에게 주기 위해 집에서 챙겨온 텔레비전 녹화테이프 하나를 꺼내 비디오에 걸고 플레이 버튼을 눌렀다. 오숙희 씨가 진행하는 ‘생방송 여성’에 내가 패널로 출연해 ‘가족의 대화’란 주제에 대해 말하는 장면이 나왔다.

……저는 어제 술을 마시고 밤늦게 귀가했습니다. 내 방문 앞에 쪽지가 하나 붙어 있더군요. 초등학교에 다니는 딸과 아들이 붙여놓은 것이었습니다. 쪽지에는 ‘아빠, 오늘 월말이고 우리들에게 용돈 주는 날입니다. 밤 열한시 반까지 기다렸어요. 너무 졸려 더 이상 못 기다리고 잘 거예요. 그러니 내일 아침에 우리가 자는 사이에 일찍 출근을 하시면 잊지 말고 용돈을 우리 머리맡에 두고 가세요. 만약 아빠가 돈이 없으면 너무 오래 끌지 말고 빠른 시일 안에 용돈을 주기 바랍니다’라고 써 있었습니다.

이쯤에서 비디오 정지 버튼을 누르고 말했다.

"신 PD님, 방금 보신 게 제가 말하는 스타일입니다. 만약 대학교수나 교육학 전공한 사람에게 가족간의 대화에 대해 말하라고 하면 삐아제가 어떻고 몬테소리가 어떻고 페스탈로치가 어떻고 하면서 이 학설 저 학설 주저리주저리 읊어대기 십상일 것입니다. 저는 남의 학설보다 제가 체험한 삶이 더 중요하다고 생각합니다. 지금 말씀 드린 것처럼 저는 제 삶을 당당하게 이야기할 것입니다. 이 점이 첫 번째 이유입니다."

신 PD는 내 눈을 쳐다보고 아무 대꾸를 하지 않았다. 내가 말했다.

"이 한 가지 이유만으로 몸값을 더 쳐달라고 하면 누가 더 쳐주겠습니까. 두 번째 이유를 말하겠습니다."

나는 종이컵의 식어빠진 커피를 한 모금 마시고는 책상 위에 있던 전단지 하나를 집어 들면서 두 번째 이유를 설명했다.

"이것은 지난주에 나온 오리리문화센터에서 가을학기 강좌를 안내하는 전단지입니다. 각 신문에 삽지로 넣어서 뿌릴 것입니다. 약 80여 강좌가 있는데, 그중에서 가장 대표적인 강좌 다섯 개를 여기 맨 앞부분에 소개하고 있습니다. 첫 번째 강좌가 '스키교실'입니다. 스키교실은 당연히 스키를 배우는 강좌입니다. 두 번째가 '승마교실'입니다. 승마교실은 승마를 배우는 강좌입니다. 그리고 세 번째는 '송현교실'입니다. 송현교실에서는 뭘 배운다고 생각하십니까?"

신 PD가 대답을 못하고 멈칫했다. 내가 말했다.

"송현교실에서는 송현을 배우는 것입니다. 이 말은 스키, 승마와 동격으로 송현이 상품이라는 의미입니다. 송현교실 공개강좌에서 무슨 일이 벌어지는지 궁금하면 이번 일요일 공개강좌에 한번 와서 구경해 보십시오. 마광수의 문학이야기는 마광수 교수가 문학에 대한 주제로 이야기할 것이고, 이종환의 음악이야기는 이종환 선생이 음악에 대해 이야기할 것입니다. 그런데 여기서 말하는 송현교실은 송현을 이야기하는 것입니다. 이것이 몸값을 더 쳐줘야 하는 두 번째 이유입니다. 제가 바보가 아닌데 겨우 이 두 가지 이유로 몸값을 더 달라고 할 리가 없습니다. 이 두 가지 이유로 몸값을 더 달라고 하면 누가 더 주겠습니까."

그러자 신 PD가 말했다.

"선생님의 말씀이 참 재미있습니다. 세 번째 이유가 뭔지 궁금해집니다."

다 식은 커피를 한 모금 더 마시고 세 번째 이유를 말했다.

"어제 제가 KBS 라디오 송현 인생칼럼이란 프로에 나가 한 이야기를 소개하겠습니다. 이숙영 아나운서가 메인 진행자이고, 저는 송현 인생칼럼이란 고정 코너에 출연해 제 이야기를 하는 것입니다. 어제는 제가 차고 있는 이 전자시계 이야기를 했습니다."

"그 시계가 무슨 특별한 시계입니까?"

"예. 특별하다기보다 제게는 아주 의미 있는 시계입니다. 제게 시계가 네 개나 있는데도 이 전자시계를 샀습니다. 왜냐하면 이 전자시계에 있는 알람 기능 때문입니다.”

“아니, 다른 전자시계에도 알람 기능이 다 있지 않습니까?”

“물론 있습니다. 그런데 다른 전자시계에는 알람 기능이 1회만 되는데, 이 시계는 5회 알람이 됩니다.”

“아, 그래요? 알람이 5회면 뭐가 좋은데요?”

“방송에서 이숙영 아나운서도 꼭 그렇게 질문했습니다. 그래서 제가 이렇게 대답했습니다. 첫 번째 알람은 오전 10시에 울리게 해놨는데, 10시에 알람이 울리면 고향에 계시는 칠순 어머니를 위해 잠시 기도합니다. 두 번째 알람은 11시에 울리고, 그때는 오늘 점심을 누구와 먹는 것이 가장 즐겁고 행복할까를 결정하고 즉각 연락을 하는 것입니다. 세 번째 알람은 오후 두시에 울리는데, 오늘 하루 내가 일을 열심히 했는지 점검하고 퇴근 시간까지 더 열심히 일할 다짐을 합니다. 네 번째 알람은 오후 4시에 울리는데 그때는 오늘 내가 누구에게 기분 상하게 한 것이 없나, 너무 잘난 체한 것은 없나 등을 반성하고, 다섯 번째 알람은 오후 5시에 울리는데, 그때는 저녁을 밖에서 먹고 가는지 집에 가서 먹는지를 아내에게 알려주는 것입니다. 이런 시계를 아마 마광수 교수나 이종환 선생은 차고 있지 않을 것이라 생각합니다. 이것이 세 번째 이유입니다. 겨우 이 세 가지 이유로 몸값을 더 달라고 하면 누가 더 주겠습니까?”

신 PD가 웃으면서 내가 네 번째 이유를 말하려는 것을 제지했다.

“선생님, 잘 알겠습니다. 그만 하셔도 충분히 알겠습니다.”

"새 찻잔을 깨뜨려라."

옛날 중국 선원(禪院)에서 흔히 있던 일이다. 시장에서 찻잔을 사오면 모두 한 자리에 모아놓고 산산조각으로 깨버린다. 그런 다음 깨진 찻잔의 조각들을 모아 다시 아교로 붙여서 사용했다. 이 광경을 보고 누군가 물었다.

"스님. 멀쩡한 찻잔을 왜 깨뜨리며, 또 깨뜨린 것을 왜 붙여서 쓰는지요?"

"이렇게 깨지 않으면 이 찻잔은 한낱 사고파는 상품에 지나지 않습니다."

"?"

"상품은 흔해빠진 것입니다. 상품은 어느 집에서라도 쉽게 볼 수 있는 평범한 것입니다. 그러나 이렇게 산산조각이 난 찻잔의 조각들을 다시 붙인 이 찻잔은 세상에 하나밖에 없는 것입니다. 그러니 이 찻잔은 상품이 아니라 독창적인 그릇이 되는 것입니다."

그대여, 그대가 찻잔이라면 이 세상에 하나밖에 없는 찻잔이 되어야 한다.

마광수 교수와 이종환 선생보다
몸값을 더 달라(2)

신 PD와 헤어진 뒤에 나는 너무 지나치게 내 주장을 했구나 하고 후회했다. 아니나 다를까 일주일이 지나도 아무 연락이 없었다. 그러면 그렇지, 그냥 주는 대로 받겠다고 했으면 좋았을 텐데 하는 후회가 들었지만 이미 버스는 떠난 뒤였다. 한 열흘 쯤 되어 신 PD에게서 전화가 왔다. 나는 그의 이야기를 들으려 하지도 않고 이렇게 말했다.

"신 PD님, 저에게서 가져가신 자료들은 우편으로 돌려주셔도 됩니다. 서로 바쁜데 그 일로 만날 필요는 없지 싶습니다. 아무 때고 우편으로 돌려주세요."

전화를 끊으려 하는데 그가 말했다.

"송 선생님, 결과가 궁금하지 않습니까?"

"허허. 당연히 짤렸겠지요."

신 PD는 기어이 내 연구실로 찾아와 결과를 말하겠다고 했다. 한 시간 쯤 뒤에 그는 상기된 얼굴로 왔다.

"제가 부장님께 결재를 올렸더니 부장님께서 '이것 봐요. 신 PD, 송현이 누구야? 교육학자도 아니고 대학 교수도 아니고 일류대학을 나온 것도 아니고 저명인사도 아닌데, 왜 하필 이런 이름없는 사람이지?' 하더군요."

"하하. 그래서요?"

"제가 부장님께, 그러긴 해도 제가 보기에는 송현 선생이 최고 적임자라고 생각합니다라고 했습니다. 그러자 부장님은 내 앞으로 집어던지면서 안 된다고 했지요. 그런데도 한사코 송 선생님이 적임자라고 고집을 부렸더니, '야, 신 PD. 자네가 우리 방송국에서 가장 비중 있는 간판 프로를 만들어야 하는데, 방송국 말아먹을 일 있어? 그러더라구요."

그래도 신 PD가 물러서지 않고 버티자 부장이 말했다.

"너 참 고집이 대단하구나. 설령 내가 오케이 사인을 해도, 위에 올라가면 부결될 것이 뻔한데 왜 그걸 예상 못해?"

그래도 물러서지 않자 부장은 할 수 없이 이렇게 말했다.

"위에 가서 거절당하면 우리 둘이 망신당할 각오해."

그런 다음 사인을 해주었다. 역시나 예상대로 이사도 부장과 똑같이 거의 토씨 하나 안 틀리게 말했다. 그러면서 서류를 던졌다. 그래서 신 PD가 말했다.

"이사님, 송현 선생을 MC로 해서 딱 한 프로만 찍게 해주십시오. 그게 이사님 마음에 들지 않으면 그 자리에서 제가 사표를 쓰겠습니다."

그러자 이사가 눈이 휘둥그레지면서 말했다.

"뭣이 어째? 자네가 사표를 써? 와아, 송현이 얼마나 대단한 사람인데 우리 방송국에서 제일 실력 있는 신 PD가 목숨을 걸어? 송현이 어떤 인물인지 정말 궁금하네."

이사는 한참 동안 혀를 내두른 뒤 말했다.

"좋아. 자네가 한 프로 찍어서 내 마음에 들지 않으면 사표 쓰는 조건으로 해봐!"

신 PD의 이야기가 끝나자 나는 자리에서 벌떡 일어나 그의 손을 덥석 잡으며 말했다.

"신 PD님, 고맙습니다. 저를 인정해주어서 고맙습니다. 제가 몸값을 더 달라는 것은 꼭 돈 때문이 아니었습니다. 저를 인정해달라는 것이었습니다. 신 PD님께서 저를 인정해주었으니, 이제 몸값은 신 PD님이 주는 대로 받겠습니다. 신 PD님 정말 멋집니다. 멋져."

신 PD가 내 손을 꼭 쥐면서 말했다.

"선생님, 감사합니다. 선생님이 더 멋집니다."

신 PD는 이사의 방을 나오면서 마지막으로 이렇게 말했다고 했다.

“이사님, 그런데 송현 선생에게는 마광수 교수와 이종환 선생보다 출연료를 더 주어야 합니다.”

이사는 망연자실하여 아무 말도 하지 않았다고 했다.

“제가 보기에는 거의 넋이 나간 것 같았습니다. 그래서 몸값을 더 주어야 하는 이유를 도무지 말할 수 없었습니다. 하하하.”

나도 호탕하게 따라 웃었다.

“하하하하하.”

“명품은 알아줄 사람이 없으면 존재 가치가 없어진다.”

춘추시대에 거문고의 명인인 백아(伯牙)가 있었다. 그리고 다행스럽게도 그의 거문고를 잘 알아주는 친구 종자기(鍾子期)가 있었다. 틈틈이 백아가 거문고를 타면 종자기는 그것을 열심히 들었다. 백아가 거문고를 타는 뜻이 큰 산에 있으면 “산이 우뚝하구나”라고 말하고, 뜻이 흐르는 물에 있으면 “물이 출렁출렁하도다”라고 귀신처럼 이해했다. 그러던 어느 날 종자기가 죽자, 백아는 거문고 줄을 끊어버리고 세상에 자기를 알아주는 사람이 없음을 슬퍼했다.

그대는
모든 것에
더 민감해져야 한다

그대는 모든 것에 민감해져야 한다!

그대는 모든 것에 더 민감해져야 한다. 더욱더 아름다움을 추구하고 더욱더 시적으로 되며, 더욱더 민감해져야 한다. 그대는 위대한 음악가, 시인, 화가가 되지 못할지 모른다. 그러나 그대는 음악과 시와 그림을 마음껏 즐거워할 수는 있다. 따라서 그대는 그 아름다움을 느끼고 즐길 수 있다. 그래서 그대가 굳이 피카소나 카루소가 되지 않아도 좋다.

그대는 모든 것에 민감해져야 한다!

그대 가슴 속에서 뛰어놀아라. 그대 마음껏 노래하고 춤추라. 그대는 가슴의 세계를 향해 더욱더 민감해져라. 비록 가난하다고 해도 얼마든지 민감해질 수 있다. 풍족한 감정을 갖기 위해 굳이 부자가 될 필요는 없다. 그대가 궁전은 없을지라도 풍족한 감정을 누릴 수 있다.

그대는 모든 것에 민감해져야 한다!

그대가 만약 해변에 누워 있다면 그것으로 풍부한 감정을 누리기에 충분하다. 그대는 태양 아래서 감상에 젖을 수 있다. 그대는 나무에 대해서 바람에 대해서 감상에 젖을 수 있다. 이런 의미에서 그대가 민감해지기만 하면 전세계가 그대 가슴의 예민성을 위해 존재한다고 할 수 있다.

그대는 모든 것에 민감해져야 한다!

그대는 가급적 더 많이 즐거워하고, 더 많이 웃고, 더 많이 춤추고 더 많이 노래 불러야 한다. 그대가 명랑할수록 일상의 사소한 일에도 더 열정적이 된다. 삶은 작은 일들로 이루어져 있다. 바로 그 작은 일들에 기뻐할 수 있다면 삶 전체가 엄청난 축복이 된다.

나에게 혼난
백발의 교장선생님

나는 경기대학교 사회교육원에 국내 최초로 제대로 가르치는 결혼정
보관리사 과정을 개설하고, 주임교수가 되었다. 결혼정보관리사 2기
개강일을 하던 날이다. 여학생들보다 남학생이 더 많았다. 학생들이
한 명씩 앞으로 나와 자기소개를 하는데, 가장 나이가 많아 보이는 백
발의 할아버지(?) 차례가 되었다.

"제 이름은 아무개이고, 무슨 동에 살고 있습니다. 저는 마침 어제
H고등학교 교장직에서 정년퇴임을 했습니다. 오늘부터 새로운 인생
을 살기 위해 이 결혼정보관리사 과정에 등록하였습니다. 그런데 여
기 등록하게 된 인연이 좀 남다릅니다. 아까 몇몇 분들은 송현 교수님

팬클럽 회원들이라고 하셨는데, 저는 송현 교수님에게 혼이 난 사람입니다.”

나는 내 귀를 의심했다. 그는 분명히 나에게 혼이 난 사람이라고 했는데, 나는 그를 본 적이 없었다. 아무리 생각을 해도 그를 본 적이 없고, 본 적도 없는 사람에게 내가 혼을 낸 기억은 더더욱 없었다. 그가 말을 계속했다.

“두어 주일 전에 제가 이 과정을 등록해 새로운 공부를 시작해볼까 하고, 주임교수이신 송현 교수님께 전화를 했습니다. 그런데 그때 송현 교수님께서는 저에게 전화하는 기본이 되지 않았다고 엄청 꾸중을 하였습니다.

송현 교수님께서는 저에게 ‘나는 누구라고 이름을 밝혔는데, 왜 선생님은 누구라고 자신의 이름을 밝히지 않는가! 모르는 사람에게 전화를 걸 때 자기 이름을 밝히는 것이 기본이고, 상대에 대한 최소한의 예의를 지키는 것이 아닌가요!’ 하고 준엄하게(?) 꾸짖고는 ‘전화 거는 기본도 모르는 사람과는 더 이상 통화하고 싶지 않습니다. 저랑 다시 통화하고 싶으면 최소한 전화 거는 기본은 배워서 다시 전화를 하십시오’ 라고 하고는 전화를 끊어버리더군요.

그래서 저는 한 대 얻어맞는 기분이 되었는데, 마음을 가다듬고 한참 뒤에 다시 전화를 걸어 내 이름이 아무개라고 밝혔더니 그제야 친절하게 답변을 해주시더군요. 그래서 저는 이런 면 하나만 봐도 송현 교수님께서 예사로운 분이 아니라고 짐작했고, 이런 분의 삶에서 배울 것이 많을 것 같아 여기 등록을 했습니다.”

아아, 그제야 생각이 났다. 언젠가 허수아비님과 산돌교회에 갈 때 휴대전화로 그분의 전화를 받은 기억이 났다. 그때 내가 그분에게 혼을 내주는 것을 허수아비님도 옆에서 보고 “또 누구 한 사람이 송현 선생님에게 혼이 나누나”라고 말하기도 했다.

나는 그 말을 듣는 순간 얼른 교장선생님께 다가가 악수를 청하면서 말했다.

“교장선생님! 반갑습니다. 그렇게 자초지종을 말씀하시니 교장선생님과 통화한 것이 다 기억납니다. 등록하기를 잘 하셨습니다. 참 묘한 인연입니다. 반갑습니다!”

이 광경을 보고 있던 학생들이 뜨거운 박수를 보냈다. ⧗

"진정으로 들을 자격이 있어야 한다."

위대한 음악가가 있었다. 음악을 사랑하는 왕이 음악가에게 말했다.

"내 궁전에 와서 음악을 한번 연주해주시오."

음악가가 말했다.

"한 가지 조건이 있습니다. 연주를 할 때 모든 사람들은 대리석상처럼 꼼짝도 않고 있어야 합니다. 설령 감동이 밀려와도 조금도 움직여서는 안 됩니다. 누구 하나도 머리를 흔들어서도 안 됩니다. 만일 누군가 머리를 흔들기만 해도 머리를 베어야 합니다."

이 조건을 왕이 수락했다. 이 사실이 도시 전체에 공포되자 시민들은 놀랐다. 많은 사람들이 그 유명한 음악가의 연주를 듣고 싶었지만, 조건이 너무 무서워 겨우 백여 명만 참석했다. 청중들 둘레에 칼을 뽑아든 병사를 세워 고개를 움직이는 사람은 그 자리에서 목을 베도록 했다.

음악가가 연주를 시작했다. 그는 참으로 위대한 음악가였다. 그의 음악은 사람들의 마음은 물론 대리석 기둥 속까지 스며들 정도로 훌륭했다. 청중들은 꼼짝도 않고 들었다. 그런데 시간이 지날수록 몇 사람들의 머리가 조금씩 움직이기 시작했다. 열 명쯤 움직였다. 왕은 근심스러워 음악가에게 물었다.

"당신은 진심으로 움직인 자들을 죽이기를 원하는가?"

음악가가 대답했다.

"아닙니다. 이 사람들은 지금부터 내가 그들을 위해 진정으로 연주하고 싶은 사람들입니다. 다른 사람들은 다 집으로 돌아가게 하십시오. 그들은 내 음악을 들을 자격이 없습니다. 나는 이 열 명의 사람들을 발견하기를 간절히 바랐습니다. 그래서 그런 조건을 내건 것입니다. 이 사람들이야말로 진정으로 감동하는 사람, 죽음까지도 무의미하게 만들면서 진정으로 몰입하고, 도취하며 음악과 하나가 되는 사람들입니다."

"Tell me your story"

나는 작가 정길수 선생과 시인 안영진 선생과 함께 오랜만에 이오덕 선생께 인사하러 가기로 했다. 중간에서 만나 함께 갈까 하다가 아예 과천 선생님 댁에서 만나기로 했다. 우리는 약속 시간 안에 도착했다. 선생님은 건강한 모습으로 우리를 맞아주셨다. 우리는 큰절을 하려고 했는데 선생님께서 한사코 사양하시는 바람에 가벼운 인사만으로 끝 냈다. 선생님께서 곶감과 녹차를 내놓았다. 오랜만에 네 사람이 만나 다들 반가운 기색이 역력했다.

여느 때처럼 정길수 선생이 말문을 열었다. IMF와 관련한 이야기 를 꺼냈다. 이오덕 선생과 안영진 선생은 어떤지 몰라도 나는 IMF에 대해서는 아무 관심이 없었다. 이오덕 선생님도 아무 말씀도 않고 묵묵히 들었고, 안영진 선생도 아무 말도 않고 묵묵히 들었다. 물론 나도 아무 말도 않고 묵묵히 들었다. 그런데 정길수 선생은 듣는 사람처지는 전혀 개의치 않고 계속해서 IMF에 대한 이야기만 했다.

만난 지 얼추 한 시간 반이 지났다. 그런데도 정길수 선생은 계속 IMF 이야기를 하고 있었다. 누구도 제지하지 않았고, 누구도 불평하지 않았다. 모르긴 해도 아무도 말리지 않으면 정길수 선생의 IMF 이야기는 끝이 나지 않을 것 같았다. 그래서 할 수 없이 내가 말했다.

"정 선생님, 선생님 말을 끊어서 대단히 죄송합니다. 정 선생님께서 IMF 관련 이야기를 근 한 시간 반 동안 계속하고 계십니다. 사실 저는 IMF에 대해서 아무 관심이 없습니다. 그리고 오늘 여기 온 목적이 IMF 특강을 들으러온 것이 아닙니다."

정길수 선생의 표정이 굳어졌고, 이오덕 선생과 안영진 선생의 표정도 굳어졌다. 분위기가 갑자기 험악해졌다. 나는 이왕 십자가를 지기로 자청했으니 말을 끝까지 하지 않을 수 없었다.

"저는 정 선생님은 물론 다른 누구에게도 IMF 이야기는 듣고 싶지 않습니다. 저는 정 선생님께서 그동안 무슨 좋은 작품을 썼는지, 아니면 구상하고 있는지, 아니면 무슨 좋은 책을 읽었는지, 아니면 무슨 기발한 아이디어를 생각해냈는지 하는 생산적이고 창조적인 이야기를 듣고 싶습니다. 물론 이오덕 선생님께도 그런 이야기를 듣고 싶고, 안영진 선생님께도 그런 이야기를 듣고 싶습니다. 저도 한 수 배우고

자 합니다."

분위기가 냉랭한 정도를 넘어 폭발 직전이었다. 내가 말을 마무리 지었다.

"만약 제가 IMF에 관심이 있다면 월간조선이나 신동아 따위를 사서 보면 될 것입니다. 아니면 MBC 논평을 들을 것입니다. 그러니 이제 남은 시간은 제발 IMF 이야기는 그만 했으면 좋겠습니다."

완전히 벌레 씹은 표정으로 굳어 있던 정길수 선생이 말했다.

"송 선생, 미안해요. 정말 미안해요."

내가 대답했다.

"고맙습니다. 정 선생님. 그리고 미안합니다."

그 뒤로 정 선생은 IMF 이야기를 하지 않았다. 그리고 그 뒤로 나는 정길수 선생을 더 이상 볼 수 없었다. 그날 이후로 정길수 선생과 나는 '웬수'가 되고 말았다.

여자들이 제일 싫어하는 이야기는 '군대 이야기'와 '축구 이야기'인데, 그보다 더 싫어하는 이야기는 '군대에서 축구한 이야기'라고 한다. 내가 제일 싫어하는 이야기는 '남의 이야기'와 '다 아는 이야기'이고 그보다 더 싫어하는 이야기는 '다 아는 이야기와 남의 이야기'를 번갈아 하는 것이다. 그래서 정길수 선생이 아직도 IMF 이야기를 계속하는 고약한 버릇을 못 고쳤으면 솔직히 이승에서는 더 이상 안 만나고 싶다.

내 제자 중에 독일에서 유학을 마치고 얼마 전에 귀국한 이가 있다.

그가 귀국 인사차 연구실에 들러 아주 중요한 이야기를 했다.

"선생님, 제가 독일에서 공부하는 동안 유럽 여러 나라를 돌아보고, 여러 나라 사람들과 사귀었습니다. 그런데 유럽 사람들에게 배운 것 중에 선생님께서도 공감할 것 하나를 소개해 드리겠습니다."

"뭔데?"

"유럽 사람들은 한국 유학생들에게 요구하는 세 가지 삶의 원칙 같은 것이 있더군요."

"그게 뭔데?"

"첫째는 How do you feel?

둘째는 What do you want?

셋째는 Tell me your story입니다."

"우와!"

나는 비명을 질렀다.

"와아, 정말 멋진 사람들이구나. 정말 멋진 말이다."

내가 너무 좋아라 하자 제자도 신이 나서 말했다.

"선생님, 한국 유학생들은 위의 세 가지 관문에서 거의 다 깨지게 됩니다."

내가 맞장구를 쳤다.

"그래 안 봐도 뻔하다. 한국 사람들이 세 관문을 쉽게 통과할 사람이 과연 얼마나 될지 말이다."

한국에서 매일 벌어지는 식사자리나 술자리에서 이루어지는 대부분의 대화들은 이 세 가지 관문을 통과할 수 없을 것이라 생각한다. 그동안 나는 내 이야기를 하려고 했고, 가능하면 내 느낌을 말하려 했고, 가능하면 내가 무엇을 하고 싶다는 것을 말하며 살아왔다.

"〈뿌리깊은 나무〉 광고에서 배워야 할 두 가지"

한창기 사장이 〈뿌리깊은 나무〉를 창간한 뒤, 그 잡지에 원고 모집 광고를 내보냈다. 사람들은 그 광고를 보고 깜짝 놀랐다. 첫째는 '낙엽이 떨어진다' 는 따위의 글은 사양한다이고 둘째는, '뭐뭐 하자! 뭐뭐 해야 한다' 는 훈화조 내지는 설교조의 글도 사양한다는 것이었다.

낙엽이 떨어진다 따위의 글은 게나 고동이나 다 쓸 수 있다. 그리고 자기는 하지도 않고 남 보고 이렇게 하자 저렇게 하자는 류의 글도 어중이떠중이 다 쓸 수 있다.

'나라를 사랑하자' 는 말을 유관순이 하면 설득력이 있지만 이완용이가 하면 말이 되지 않고, 설득력이 없어진다! 똑같은 말인데도 유관순 누나가 하면 박수가 터져나오고, 이완용이가 하면 돌멩이가 날아간다. 이것은 한쪽은 그 말을 할 자격이 있고 한쪽은 그 말을 할 자격이 없기 때문이다.

말과 글은 수표와도 같다. 갚을 능력이 없는 놈이 수표를 발행하면 부도수표가 되고, 부도수표를 발행한 놈은 쇠고랑을 채워 잡아가두어 벌을 줘야 한다. 말과 글을 쓰는 것도 이와 다를 바 없다. 자기 삶의 담보 범위 안에서 글을 쓰고 말을 해야 한다.

다이아몬드가 될
프로들에게 가한 일침

김상철씨는 내 팬클럽 회원이자 ○○신문 편집차장이다. 나는 김 차장에게 빚이 있다. 돈을 빌려 빚이 아니라 자기들 모임에 나가 강연을 한번 해주겠다고 약속한 빚이다. 자기들 모임이란 유명 다단계 판매회사에서 머지않아 다이아몬드를 달 사람들의 커뮤니티를 말한다. 더 이상 도저히 미룰 수 없어 지난달 주말 저녁에 강연을 하러 갔다.

초행길이라 염려가 되어 좀 빨리 출발을 했더니 약속 시간보다 20분 정도 빨리 도착했다. 그곳에는 머지않아 다이아몬드를 달 남녀 프로 20명 정도가 모여 있었다. 내 강연은 8시로 잡혀 있는데, 그들은 오후 6시부터 여러 가지 프로그램을 진행하고 있는 중이었다.

김 차장이 반갑게 나를 맞이했다. 나는 현관 입구 구석에 살그머니 앉았다. 김 차장 또래의 30대 후반 젊은이가 '내가 다이아몬드가 되면' 이란 주제로 야심찬 인생 설계를 발표하는 중이었다. 알고 보니 그이가 발표를 시작한 지 얼마 되지 않았다. 그래서 그이의 인생 설계를 다 들을 수 있었다. 내가 듣기에는 인생 설계라기보다는 꿈을 말하는 것 같았다.

그의 꿈은 크게 여섯 가지였다. 첫째, 초등학교에 다니는 딸과 아내와 셋이서 취미 생활을 함께하고 싶다. 그가 하고자 하는 취미 생활은 석궁이었다. 둘째, 지금 스물 몇 평 아파트에 사는데 다이아몬드가 되면 오십 몇 평짜리 아파트에 살고 싶다. 셋째, 지금 소나타2를 타는데 BMW인지 뭘로 바꾸고 싶다. 넷째, 서울 근교에 텃밭이 약 300평 정도 딸린 전원주택을 갖고 싶다. 다섯째, 여름방학이면 밴쿠버 해안도로를 온 가족이 드라이브를 하고 싶다. 여섯째, 겨울이면 알프스로 여행을 가고 싶다.

그는 조리 있게 자기 꿈을 말했다. 발표가 끝나자 청중들은 환호하면서 박수를 보냈다. 나는 예의로 손뼉을 몇 번 치는둥 마는둥 했다. 화장실 다녀올 사람은 얼른 다녀오라면서 잠시 휴식시간을 마련했다.

이윽고 내가 강연을 할 차례가 되었다. 아까 꿈을 발표했던 젊은이가 섰던 자리에 내가 섰다. 김 차창이 자기 딴에는 나를 최대한 대단한 사람처럼 보이게 하려고 소개를 했다. 그런데 더러 과장된 표현을 하는 바람에 나는 듣고 가만히 있기가 좀 민망했다. 내 소개가 끝난 뒤 입을 열었다.

"반갑습니다. 송현입니다. 김 차장이 저를 과장스럽게 소개를 하는 바람에 옆에서 모른 체하고 듣고 있기가 참으로 쑥스러웠습니다. 오늘 제가 강연을 하기 전에 미리 말씀 드리고 싶은 것이 있습니다. 이 말은 조금 전에 젊은 분께서 자신의 꿈을 발표하는 것을 듣고 생각한 것입니다.

미리 말씀 드리지만 저는 저 분과 아무런 감정도 없는 초면입니다. 그리고 저 분 개인을 비난할 아무런 이유도 없습니다. 다만 예를 들기 위해 저 분의 꿈에 대해 제 의견을 말씀 드리고자 합니다. 저 분의 꿈을 한마디로 요약하면 다음과 같습니다.

"'내 마누라와 내 새끼와 잘먹고 잘살겠다' 입니다."

갑자기 분위기가 바싹 긴장하는 듯했다. 나는 단호한 목소리로 말했다.

"만약 저런 꿈을 초등학교밖에 안 나온 사람이 꾸고 있다면 용서해 주겠습니다."

분위기가 긴장의 도를 넘어 냉랭해졌다. 나는 더 단호한 목소리로 말했다.

"만약 저런 꿈을 중학교밖에 안 나온 사람이 꾸고 있다면 용서해주겠습니다."

분위기가 냉랭함을 넘어 살벌해졌다. 나는 더 단호한 목소리로 말했다.

"만약 저런 꿈을 고등학교밖에 안 나온 사람이 꾸고 있다면 용서해 주겠습니다. 왜냐하면 배운 게 부족해 무식하니까 용서해주겠다는 것입니다."

분위기가 살벌의 도를 넘어 재떨이라도 한 개 날아올 것 같았다. 그러나 나는 더 단호한 목소리로 말했다.

"그런데 대학까지 나온 사람이 저런 꿈을 꾼다면 절대로 용서할 수 없습니다!"

한 개가 아니라 여러 개 날아올 것 같았다. 그러나 나는 더 단호한 목소리로 말했다.

"대학까지 나온 사람이 겨우 내 마누라와 내 새끼하고 잘먹고 잘살 겠다면, 우리 사회가 어찌 발전할 수 있겠습니까! 지금 오늘 우리가 누리는 이 편리한 과학문명만 해도 겨우 자기 마누라와 제 새끼하고 잘먹고 잘살겠다는 사람들 덕분에 이루어진 것이 아닙니다. 내 나라 내 민족을 뛰어넘어 인류와 세계 평화를 위한 원대한 꿈을 가진 사람들, 피와 땀과 눈물의 결실이 오늘 우리가 누리는 과학문명이라고 생각합니다."

신통하게도 그때까지 아무것도 날아오지 않았다. 나는 뭐가 날아오기 전에 결론을 맺기로 했다. 한 옥타브 낮추어 결론을 말했다.

"오늘 제가 한 수 가르쳐 드리겠습니다. 저 분이 발표한 여섯 가지 꿈은 지극히 이기적인 꿈이라고 할 수 있습니다. 저 여섯 가지 꿈이 이기적인 꿈이 되지 않는 방법을 가르쳐 드리겠습니다. 그것은 여섯 가지 꿈에 한 가지 꿈을 더 보태는 것입니다. 일곱 번째 꿈을 말하는 것입니다. 일곱 번째 꿈을 말하면 꿈의 성격이 변하게 됩니다."

이제 아무것도 날아오지 않을 것이라 생각했다. 나는 정상적인 목소리로 천천히 말했다.

"저라면 일곱 번째 꿈을 다음과 같이 말하겠습니다. 제가 만약 다이아몬드가 되면 제 소득의 십 분의 일, 아니 이십 분의 일, 아니 그것도 많습니다. 삼십 분의 일을 떼어 소년소녀가장을 돕는 데 보태거나, 치매 노인을 돕는 데 보태거나, 버림받은 강아지를 키우는 아주머니를 돕는 데 보태겠습니다."

내가 약간 신파조로 읊어서 그런지 난데없이 박수갈채가 쏟아졌다. 그 뒤에 무사히 강연을 마쳤다. 강연을 마치자 제일 좋아하는 사람은 김 차장이었다.

"선생님, 오늘 강연 참 감동적이었습니다. 정말 감사합니다."

이 사람 저 사람이 나랑 사진을 찍겠다고 했다. 못 이긴 척하고 사진을 찍었다. 그러자 뒤에 있던 사람들도 앞으로 나와서 사진을 찍었다. 어떤 사람은 사인을 해달라고 했다. 그 모임의 대표가 내게 다가와 정중하게 말했다.

"그동안 유명 강사들의 강연을 많이 들었습니다. 그런데 오늘처럼 감동을 뛰어넘어 감격적인 강연은 처음입니다. 선생님, 감사합니다."

나는 좀 멋쩍어서 옆에 있는 김 차장에게 물었다.

"김 차창님, 방금 대표님께서 하신 멘트가 나 듣기 좋아라고 날린

당신에게 남은 시간이 많지 않다

접대용 멘트지요?”

김 차장은 눈을 휘둥그레 뜨고 손을 저으면서 말했다.

“아닙니다. 선생님. 접대용 멘트라뇨. 무슨 그리 섭섭한 말씀을 다 하십니까!”

나는 호탕하게 웃었다. 그러자 옆에 있던 사람들도 모두 웃었다. 📜

"이대로 앓다가 죽을 수는 없다."

장기려 박사의 진료를 간절히 받고자 하는 환자들은 대부분 중환자들이었다. 간호사를 대동하고 병실에 장 박사가 들어섰다. 그가 첫 번째 환자에게 물었다.

"선생은 언제부터 아팠습니까?"

"5년쯤 됩니다."

"그러면 5년 전에는 건강했습니까?"

"예. 그때는 건강했습니다."

"건강할 때 조국을 위해서 무슨 좋은 일을 한 게 있습니까?"

"없습니다."

장 박사는 다시 물었다.

"우리 민족을 위해 무슨 좋은 일을 한 게 있습니까?"

"없습니다."

장 박사는 다시 물었다.

"이웃을 위해 무슨 좋은 일을 한 게 있습니까?"

"없습니다."

장 박사가 근엄하게 말했다.

"선생은 건강할 때 조국을 위해서도 민족을 위해서도 이웃을 위해서도 아무 좋은 일을 한 적이 없이 살았다는데 제가 왜 선생을 고쳐드려야 합니까? 이대로 앓다가 돌아가시면 되지 않겠습니까?"

환자는 장 박사의 소매자락을 붙잡고 대성통곡하면서 말했다.

"선생님, 제가 어리석었습니다. 이제 저를 살려주시면 조국을 위해서 민족을 위해서 이웃을 위해서 좋은 일을 꼭 하겠습니다. 선생님, 이 어리석은 인간이 죽기 전에 사람 구실 한번 하고 죽게 꼭 살려주십시오."

장 박사는 다음 침대에서 기다리고 있는 중환자에게 똑같은 질문을 했다. 다른 환자들도 대성통곡을 하면서 같은 대답을 했다.

아직 지키지 못한
그랜드피아노 선물 약속

중학교 때까지만 해도 나는 음치였다. 일주일에 한 번 음악시간이 있었는데, 그날은 아예 학교에 가기가 싫었다. 아프다고 꾀병을 부려 결석을 한 적도 있을 정도로 음악시간을 싫어했고, 노래하는 것도 싫어했다.

이런 내가 뜻밖에 성악을 전공한 여자를 만나 그녀의 노래에 반해 결혼까지 했다. 신혼 때 내가 혼자 노래를 부르기라도 하면 아내는 귀신같이 어느 대목의 음정이 맞지 않고, 어느 대목의 박자가 틀린지 지적해주었다. 나는 주눅이 들어 아내가 있으면 집에서는 노래를 마음대로 부를 수 없었다. 이따금 욕실에서 물을 크게 틀어놓고 노래를 부르기도 했다.

십수년 전에 금성사 신부교실에서 혼기를 눈앞에 둔 처녀들을 수백 명 모아놓고 하는 신부교실 행사에서 내가 ‘사랑학 특강’을 했다. 그 행사를 진행하고 노래도 하던 리한이라는 록피아노가수를 만나게 되었다. 그가 피아노를 직접 치면서 노래를 하는 것을 처음 보는 순간 나는 그 자리에서 감전되는 줄 알았다. 여태까지 그이처럼 열창하는 가수를 본 적이 없었고, 그이처럼 목에서 피가 나올 것처럼 열창하는 가수를 본 적이 없었고, 노래할 때 가수가 아니라 악기가 되는 가수를 본 적도 없었다. 그 뒤 그가 운영하던 강남 압구정동 ‘좋은 세상 만들기’라는 카페에 가서 그의 노래를 여러번 더 들었다. 그러던 어느 날 나는 그에게 이렇게 말했다.

“저는 선생님처럼 노래를 혼신의 힘으로 열창하는 멋진 가수를 본 적이 없습니다. 저도 모르는 사이에 선생님의 광팬이 되고 말았습니다. 제가 요즘 SS이론이라는 새로운 사랑법을 소개하는 책을 출간했는데, 그 책이 대박이 터질 것 같습니다. 그러면 선생님께 그랜드피아노를 선물하겠습니다. 사실 성악을 전공한 제 아내에게도 피아노는커녕 오르간도 선물하지 않았는데, 선생님께 그랜드피아노를 선물하겠습니다.”

그렇게 그와 친해진 어느 날 그에게 말했다.

“리 선생님, 저는 노래를 잘 부르고 싶습니다. 그런데 음치입니다. 어찌하면 노래를 잘 부를 수 있는지 한 수 가르쳐주실 수 있는지요?”

"가르쳐 드리겠습니다."

"선생님 시키는 대로 하겠습니다. 어찌 하면 됩니까?"

"좋아하는 가수의 노래를 한 곡 정해서 그 노래를 3백번 들으면 됩니다."

"네? 3백번을 들어요?"

"그렇습니다. 3백번을 들은 뒤에 궁금한 점이 있으면 그때 다시 질문하십시오."

나는 그 다음날부터 그가 시키는 대로 했다. 내가 좋아하는 가수의 테이프를 사서 매일 짬 날 때마다 같은 노래를 되풀이해서 들었다. 아내가 없을 때는 더러 따라 부르기도 했다. 수십 번을 듣고 나니 멜로디를 완전히 기억할 수 있었다. 그리고 따라 부르다보니 한 소절 한 소절 제법 비슷해지는 것 같았다. 신이 나서 똑같은 노래를 수없이 반복해서 들었다. 한 2백번은 들었지 싶다. 그러던 어느 날 나는 무릎을 쳤다.

"아아, 나도 노래를 잘 부를 수 있겠구나!"

일종의 득음을 한 것이다. 나도 모르는 사이에 내 노래 실력이 제법 향상되어 있었다. 그런 식으로 아내 몰래 연습을 하다보니 딴 사람처럼 노래 실력이 향상되었다.

그 뒤부터는 모임에서 노래할 기회가 있으면 사양하지 않고 불렀다. 내가 노래를 부르면서도 스스로 놀랄 때가 많았다. 내 노래 실력이 장족의 발전을 한 것이다. 그 뒤에 만난 사람들은 내가 노래를 제법 잘하는 줄로 안다.

드디어 나는 인사동 네거리에 있는 이모 포장마차의 전속가수가 될 정도로 노래 실력이 늘었다.

요즘도 그는 홍대 앞 '좋은 세상' 이란 카페에서 밤마다 노래를 부른다. 그런데 한 가지 걱정인 것은 그에게 그랜드피아노를 선물하겠다고 오래 전에 약속해놓고 아직도 약속을 못 지키고 있다는 사실이다.

그때 내 딴에는 내 SS이론 책이 틀림없이 대박 터질 줄 알고 그런 약속을 했는데, 대박은커녕 소박도 못 터졌고, 마침내 그 책을 찍은 출판사는 문을 닫고 말았다. 그는 아마 내가 그랜드피아노를 선물하겠다는 말을 농담으로 알고, 진작 잊었을지도 모른다. 그러나 나는 그 약속을 지키려고 마음먹고 있다. 오늘 저녁에 홍대 앞 카페에 가서 아직도 그 약속이 유효하다는 말을 해야겠다. 그러면 그가 내 말을 믿어 줄까?

"일본 제국호텔의 쓰레기통"

일본의 제국호텔은 손님이 떠난 뒤에도 그 방의 휴지를 반드시 하루를 더 묵혀 둔다. 1890년에 문을 연 제국호텔은 100년이 넘는 긴 역사와 전통을 자랑하는 데, 일본의 본격적인 국제 호텔의 시조이며 개척자라 할 수 있다. 왜 제국호텔에서는 손님이 떠나면 곧장 휴지를 버리지 않고, 객실의 휴지를 따로 봉지에 담아 객실 번호, 날짜 등을 기록해서 하루를 더 묵혀두는 것일까? 이 해답은 제국호텔이 1978년부터 10년 동안 〈문예춘추〉에 시리즈로 실린 광고에 담겨 있다.

휴지는 호텔에 하루 더 묵습니다. 아서 헤일리의 소설 〈호텔〉에서 사건의 중요한 단서가 되는 메모가 발견되는 것은 소각로에 들어가기 직전의 쓰레기더미에서였습니다. 실제 호텔에서도 그런 일이 흔히 일어나곤 합니다. 중요한 메모를 잃어버리셨다면-염려없습니다. 안심하십시오. 방의 휴지통들은 손님께서 체크아웃한 후 층별로 모아지고, 하루를 더 호텔에서 머무르게 됩니다. 손님께서 버리신 것인지, 혹은 잊어버린 것인지를 판단할 수 없는 것들, 이런 것들은 휴지보다 더 오랫동안 호텔에서 보관합니다. 패스포드를 비롯해 잊어버리고 가신 것이 확실한 물건들은 물론 손님께 연락을 드립니다.

하루뿐이라고 할지라도 그것을 보관할 공간을 확보하는 일은 쉬운 일이 아닙니다. 쓸데없는 일이라고 말하는 사람도 많고, 헛일로 끝나버리는 수도 허다합니다. 그러나 제국호텔에 묵기를 잘했다고 생각하시는 손님이 계시는 한, 우리들은 그러한 헛일을 중요하게 생각하고 있습니다.

내게 쥐포 잘 굽는 법 배워
부자된 아주머니

종로통에 있는 내 사무실 앞 길거리에 쥐포를 구워 파는 아주머니가 처음 등장했을 때의 일이다. 꼬릿꼬릿하고 마른 군것질을 엄청 좋아하는 나로서는 쥐포 아주머니의 등장이 무척 반가웠다. 퇴근길에 들러 시식을 해보니 맛이 영 아니올씨다였다. 내가 물었다.

"아주머니. 오늘 여기 처음 나왔지요?"

"……예."

"쥐포 장사도 해본 경험이 없지요?"

"예. 어떻게 아십니까?"

"어떻게 아는 게 아니라 쥐포 맛을 보고 알지요. 봉지에 든 마른 쥐

당신에게 남은 시간이 많지 않다

포를 그대로 하나씩 기계에 넣고 튀겼지요?”

“그걸 어떻게 아십니까!?”

“먹어보면 대번 알지요.”

“…….”

대답을 못하고 아주머니는 난감한 표정을 지었다.

“아주머니, 이 골목에 쥐포 장수가 여러 명 있는데, 이런 식으로 맛없게 쥐포를 구워서는 장사하는 데 어려움이 많겠어요.”

“먹고살려고 나왔는데…… 아무것도 몰라서 그래요.”

쥐포 아주머니는 반 울먹이는 목소리로 죄인처럼 말했다.

“제가 쥐포를 맛있게 굽는 법을 가르쳐 드릴까요?”

“고맙습니다. 제발 좀 가르쳐주세요!”

쥐포 아주머니의 표정은 금세 밝아졌다.

나는 쥐포 아주머니에게 쥐포를 맛있게 굽는 법을 자세하게 가르쳐주었다.

❶ 쥐포를 봉지에서 꺼낸다.
❷ 바가지에 물을 가득 담고, 당원이나 뉴슈가를 달게 탄다.
❸ 쥐포를 그 물에 담근다. 잠시 후에 손으로 몇 번 주물럭주물럭한 뒤 꺼낸다.
❹ 꽉 짜서 마른 수건으로 물기를 닦고 싸서, 얼음 위에 재워둔다.
❺ 축축한 것을 기계에 넣고 굽는다.

이튿날 퇴근길에 쥐포아줌마에게 가보니, 반갑게 나를 맞았다.

"선생님, 고마워요."

"어제 쥐포와 오늘 쥐포의 맛이 어떻습니까?"

"어제 밤에 집에 가서 선생님 시키는 대로 여러번 연습해봤어요. 정말 맛이 달라요. 고마워요!"

쥐포 아주머니의 표정이 밝았다.

그러구러 몇 달이 지났다. 그런데 쥐포 아주머니는 몇 발자국 안 떨어진 자리를 하나 더 잡아서 자기 남편까지 쥐포를 구워 팔고 있었다. 몇 달 동안 쥐포 장사를 해보니 제법 자신이 생긴 모양이었다. 그러던 어느 날 아주머니가 내 귀에 대고 말했다.

"선생님, 쥐포 장사도 잘 되어 좋기는 한데 이 자리에서 꽃장사를 하면 어떨까 해서요. 그게 마진이 훨씬 커요."

"아. 그거 참 좋은 생각입니다. 꽃장사를 하시는 것이."

아주머니는 일주일 뒤에 꽃장사를 시작했다. 그 뒤로 나를 보면 그저 반가워서 어쩔 줄을 몰라 한다.

몇 년 만에 아주머니네에 들렀더니 아주머니가 말했다.

"선생님, 감사합니다. 선생님 덕분에 쥐포 장사를 잘했고, 그 덕분에 꽃 장사를 해서 돈도 제법 벌었습니다. 큰 애는 미국 유학 보내고 둘째 애는 프랑스 유학 보냈습니다. 우리 가족은 선생님을 잊을 수 없습니다. 이따금 텔레비전에 선생님이 나오면 우리 가족은 밥 먹다가 숟가락 다 놓고 선생님을 봅니다. 정말 감사합니다."

어느 새 아주머니는 장미꽃 한 다발을 내밀면서 말했다.

"이거 사모님 갖다 드리세요."

아주머니의 표정은 장미꽃보다 더 밝고 아름다웠다. 나는 기쁜 마음으로 꽃을 받으면서 빙그레 웃었다.

"깨어라."

노인이 아침 산책을 나갔다. 어떤 여자가 아들에게 소리치고 있었다.

"일어날 시간이다. 아침이야. 이젠 밤이 아니란 말이야!"

노인은 길을 걷다가 그 말을 들었다. 그것은 금강경도 아니고 단지 엄마가 아들을 깨우는 소리였다.

"이젠 일어나거라. 이젠 충분하다! 넌 너무 오래 자고 있어! 이젠 밤이 아니다. 해가 떴고, 아침이야!"

노인은 그 소리를 들었다. 이른 아침 해가 떠오르고 새들이 노래하고 바람이 상쾌했다. 그는 그 길로 집으로 돌아가지 않고 마을 밖으로 나가 절로 갔다. 법당에 앉아 명상을 하고 있을 때 노인의 가족들이 달려와 물었다.

"할아버지, 난데없이 여기서 무얼 하고 계십니까?"

노인이 말했다.

"이젠 아침이다. 이젠 밤이 아니다. 그리고 나는 이미 충분히 잤다. 날 용서해다오, 나는 깨어나야 한다. 죽음이 다가오고 있다. 그 전에 나는 깨어나야 한다."

그 뒤 노인은 그 여자 오두막 앞을 지날 때마다 절을 하곤 했다. 그 집은 노인의 사원이었고, 그 여자는 그의 스승이었다.

유행가 가사 클럽에
가입한 까닭

나는 대학 다닐 때 고전음악을 아주 좋아했다. 하기야 대학 시절에 고전음악 안 좋아한 사람이 어디 있을까 만은, 나는 고전음악에 대한 밑천도 짧고, 잘 알지도 못하면서도 고전음악을 좋아했다. 부산에 오아시스란 고전음악 다방이 있었는데, 한때는 매일 출근을 하다시피 해 거의 온종일을 다방에서 살았다.

언젠가는 한 달간 하루도 빠지지 않고 출근했다고 개근상(?)을 받은 적도 있다. 아마 음악다방에서 개근상을 받은 사람은 그 다방 생긴 이래 내가 유일할 것이라 생각된다.

내가 그 무렵 특히 좋아한 작품은 스트라빈스키의 '불새' 였다. 오아시스 다방의 깊은 의자에 온몸을 묻고 '불새'를 듣는 것은 음악감상이라기보다 차라리 일종의 의식이었다. '불새'의 분위기에 완전히 빠져 내 몸의 살은 다 녹아 흘러내리고, 모든 뼈마디는 다 풀어져 의자에는 앙상한 뼈만 남아 있는 것 같은 착각이 들 정도로 넋을 잃곤 했다.

어떤 때는 차이코프스키의 소품 '안단테 칸타빌레'만 들어도 쓰린 가슴을 안고, 상처난 작은 짐승처럼 몸서리를 치기도 했다. 그래서 그 무렵에 나는 유행가는 천박한 노래라 생각하고, 듣지도 않았고, 또 부르지도 않았다. 또 부를 줄도 몰랐다.

나는 버스를 타고 다니면서, 항상 고통스러운 것이 그놈의 너절한 유행가를 들어야 하는 것이었다. 운전기사가 제멋대로 너절한 유행가를 크게 틀어놓는 바람에 듣기 싫은 유행가를 억지로 듣는 것이 여간 고역이 아니었다. 운전기사에게 소리 좀 낮추라고 했다가는 "자가용 타고 다니라!"는 봉변을 당할까 걱정되어 그럴 용기는 없고, 그렇다고 버스를 안 타고 다닐 처지는 못되고 해서 정말 고통스러웠다. 어쩌다 입바른 소리하는 용감한 손님이 "운전수 양반, 저놈의 음악 좀 끄든지, 줄이든지 할 수 없소!"라고 하면 속으로 박수를 보내곤 했다.

버스를 탈 때마다 너절한 음악을 안 들을 수 없을까 아무리 궁리해도 뾰족한 수가 없었다. 그러던 어느 날 나는 엉뚱한 생각을 했다.

'내가 저질 유행가를 아무리 듣기 싫어해도 버스를 타는 한, 듣지 않을 수 없을 것이다. 이는 내 힘으로 도저히 어쩔 수 없는 문제이다.

그러니 이 문제는 아예 포기하는 것이 좋겠다. 그런데 여기서 한 걸음 나아가 아예 내가 유행가를 좋아하든지, 아니면 유행가의 질을 높이는 일에 참여하면 어떨까?

나는 유행가의 질을 높이는 데 참여할 수 있는 일이 무엇일까를 곰곰이 생각해보았다. 크게 두 가지가 있을 것 같았다. 하나는 유행가 가사를 수준 높게 짓는 일이고, 다른 하나는 유행가 가사 비평을 하는 일이었다. 그래서 나는 여러 날을 망설이다 용기를 내 유행가 가사클럽에 회원으로 가입을 했다. 나로서는 일대 사건이라면 사건이 아닐 수 없다.

그 뒤부터는 버스나 택시를 타면 유행가를 귀 기울여 들었다. 들으면서 가사를 분석하기도 하고, 내가 저 주제로 가사를 지으면 어떻게 할까 궁리도 했다. 그러다보니 유행가와 친숙하게 되고, 또 점점 유행가를 좋아하게 되었다.

어느새 나도 히끗히끗 흰머리가 늘어나고보니, 나이 탓인지 유행가가 좋아져 나 같은 음치가 유행가 스무 곡쯤은 연달아 부를 수 있게 되었다. 세상일은 참 알다가도 모르겠다는 생각이 든다. 내가 얼마 전에 유행가 가사를 두 편 지어서 보냈는데, 곡이 붙었다는 연락을 받고는 너무 기뻐 한동안 일이 손에 잡히지 않았다.

유행가를 입에 떠올리기도 싫어했던 내가 박상희 선생이 이끄는 유행가 가사클럽의 정회원이 되고, 유행가를 좋아하게 되고, 거기서 한 걸음 나아가 유행가의 중요성을 알게 되었다. 내가 대학 시절에 듣던 고전음악보다 유행가가 수많은 민중들의 삶에 더 큰 영향을 미친다는 사실을 알게 되었다.

그래서 심지어 내가 쓴 시 10편 100편이 주는 감동이 우리 시대 최대의 가수 조용필 노래 한 곡이 주는 감동에 미치지 못한다고 생각할 정도로 유행가를 중요시하고 좋아하게 되었다.

나는 앞으로 좋은 시를 쓰고 싶은 욕심도 많지만, 그 욕심 못지않게 좋은 유행가 가사도 쓰고 싶다. 나는 내가 쓴 시가 〈한국현대시전집〉에 10편이 수록되고 문학비평가들의 찬사를 받는 쪽보다 내가 쓴 유행가 가사 한 편이 조용필, 최진희 같은 일류가수의 노랫가락이 되어 불려지는 쪽이 더 좋을것 같다. 사람의 일은 정말 알 수가 없다는 생각이 든다.

"황제는 거지이고 거지가 황제였다."

붓다가 거지꼴로 어느 도시에 왔는데 왕은 나가서 영접하기를 주저했다. 그러자 나이든 재상이 간언했다.

"나가서 부처님을 영접하지 않으면 재상에서 물러나겠습니다."

"왜?"

왕은 자기의 권력을 유지하는데 재상이 꼭 필요했다. 왕이 다시 물었다.

"왜 내가 나가서 거지를 영접해야 하는가?"

나이든 재상이 대답했다.

"사실은 폐하가 거지이고 부처님이 황제이십니다. 폐하는 나가서 그를 영접해야 합니다. 그렇지 않으면 왕의 자격이 없습니다."

왕은 마지못해 나갔다. 왕은 붓다를 본 후 궁으로 돌아와 늙은 재상의 발을 만지면서 말했다.

"재상의 말이 맞소. 그가 왕이고 내가 거지요."

그대여, 겉모습에 속지 마라. 그 사람의 속을 보라. 가슴이 기쁨으로 넘치는 사람, 도와 하나가 된 사람, 자연과 하나가 된 사람, 궁극의 법과 하나가 된 사람이 진정으로 풍요로운 사람이다.

당신에게 남은 시간이 많지 않다

한 사람은 눕고
한 사람은 일어서고

이날까지 여러 형태의 송년회에 참석했다. 그중에서 가장 잊을 수 없는 송년회는 '한 사람은 눕고 한 사람은 누워서 보낸' 송년회이다. 그때 나는 서라벌고등학교 국어 선생 노릇을 하고 있었다. 그해 겨울은 몹시 추웠다. 크리스마스가 가까워오자 사람들은 들떠 있었다. 매스컴에서는 성탄절과 송년회를 소박하게 보내자는 주문을 연일 계속했다. 그러나 소비가 미덕이라고들 하는 무렵이라 사회 전체가 들떠 있었기 때문에 그런 주문이 별로 씨가 먹히지 않았다.

　내가 존경하던 분 중에 십수년 동안 결핵을 앓아오던 분이 있었다. 이 분은 믿음의 동지요, 삶의 선배이기도 했다. 병세가 악화되어 마침내 한적한 농촌마을의 독립가옥에 격리 수용되다시피 했다. 시내에서 요양을 할 때는 제자들도 더러 찾아가고 이웃도 찾아가곤 했지만 격리 수용된 이후로는 거의 발길이 끊어지다시피 했다. 병상에 혼자 있는 것만 해도 고적할 텐데, 격리 수용이 되었으니 그 고적함이 어느 정도인지 대충 짐작이 갔다.

얼마나 사람이 그리울까? 그해 겨울 나는 여러 군데의 송년회 초대를 받았다. 문단의 친구들, 고향 사람들, 대학 친구들, 살면서 만난 이웃들이 모이는 망년회가 줄줄이 있었다.

드디어 12월 31일 밤이 되었다. 나는 한참 동안 망설이던 끝에 용기를 내 그분의 병상으로 가기로 했다. 아무도 몰래 그분의 병상으로 찾아갔다. 아니나 다를까 그분은 촉루처럼 움푹 패인 눈으로 누워 계셨다. 그분은 나의 뜻밖의 방문에 소스라치게 놀라는 눈치였다.

다들 가까이 오기조차 꺼리는데, 내가 불시에 방문을 했으니 놀라는 것이 당연했다. 기력이 쇠진했기 때문에 뭐라고 말도 제대로 하지 못하고 커다란 눈망울도 제대로 굴리지 못했다. 나는 그가 누워 있는 이부자리 밑으로 손을 넣어 바닥은 차지 않나를 확인했다. 차지는 않아서 마음이 놓였다.

나는 나직나직하게 나의 근황을 말씀 드렸다. 내 말이 들리는지 안 들리는지, 알아들었는지 못 알아들었는지 종잡을 수 없었다. 그분은 시체처럼 가만히 누워 있었다. 지금 죽음 앞에 흔들리는 등불 같은 저 연약한 생명 앞에서 입에 발린 내 위로의 말이 얼마만한 위로를 줄 수 있으며, 얼마나 그를 기쁘게 해줄 수 있을지 의문스러웠다. 내 생각이 여기에 미치자 입을 다물고 말았다.

그분이 이날까지 모진 목숨으로 삶의 등불을 켜온 것의 뿌리는 신앙이라고 생각되었다. 그래서 불현듯이 나는 찬송가 한 곡이 떠올랐다. 그래, 차라리 찬송가 한 곡이 더 위로가 되겠구나 싶었다.

"제가 선생님을 위해 찬송가 한 곡을 불러 드리겠습니다."

"……."

선생은 가타부타 아무 말씀이 없으셨다. 나는 숨을 가다듬고 찬송가를 부르기 시작했다.

아, 하느님의 은혜로 이 쓸데없는 자/왜 구속하여 주는지 난 알 수 없도다/내가 믿고 또 의지함은/내 모든 형편 잘 아는 주님/날 돌보아주실 것을 내가 확실히 아네…….

이 찬송가는 내가 가장 좋아하는 찬송가다. 내 젊은 시절에 함석헌 선생님의 성경모임에서 성경공부 열심히 할 때, 특히 내 마음이 괴로울 때나 울적할 때 이 노래를 부르면 이상한 힘이 솟고, 위안이 되어 즐겨 부르던 찬송가이다.

가사가 너무 마음에 들고, 또 곡도 좋았다. 나는 4절까지 계속해서 불렀다. 그런데 1절 중간부터 목이 메어 제대로 소리가 나지 않았다. 2절이 시작될 때는 벌써 울먹이는 목소리가 되고 말았다. 어떻게 4절까지 불렀는지 기억이 나진 않지만 분명히 끝까지 노래를 불렀다. 노래가 끝날 때까지 나는 내 감정을 억제하지 못했다. 눈물을 닦고 그분의 얼굴을 보았더니 뺨에 눈물이 흘러내리고 있었다.

그날 밤, 나는 그분의 병상 머리맡에 오랫동안 앉아 있었다. 무슨 말이 필요할 것 같지 않았다. 우리는 함께 있는 것 그 자체만으로도 행복했고 즐거웠다. 몇 해 뒤에 그분은 세상을 떠났다. 나는 해마다 연말이 되면, 내가 지금까지 보낸 여러 방식의 송년회 중에서 가장 진한 감동으로 그날 밤의 기억이 내 가슴에 남아 있다.

"말로 지은 노래, 그것은 진정한 노래가 아니다."

말로 지은 노래가 있다. 그러나 그것은 진정한 노래가 아니다. 침묵으로 지은 노래가 있다. 그것이야 말로 진정한 노래이다. 일단 그대가 침묵의 노래를 들었다면 모든 위대한 시인들이 유치하게 보일 것이다.

그대가 침묵의 노래를 듣기 위해서는 자신의 내면으로 들어가야 한다. 그대는 온갖 말들로부터 멀찌감치 떨어져 있어야 한다. 가장 큰 장애물이 바로 말이기 때문이다.

그대가 일단 침묵의 노래를 듣게 되면 그대 삶은 변화한다. 그대는 시간을 초월하게 되고, 불멸의 존재가 된다. 모든 두려움이 말끔히 사라지고 오직 자유만이 남는다. 모든 불행이 눈 녹듯이 사라지고 오직 기쁨과 찬양만이 존재할 것이다.

〈몽정기〉 정초신 감독이
내 작품 〈동정제〉를 영화화하기로

어릴 때 성에 눈을 뜨는 과정을 그린 소설을 탈고했다. 제목을 뭘로 정할까 여러 날 망설인 끝에 '동정제(童精祭)'라 정했다. 첫 장면부터 고등학교 졸업을 앞둔 겨울 어느 날 제주도 한라산에 무전여행을 가서 산에 나무하러온 처녀를 습격하는 대목이 나올 정도로 충격적이고 흥미진진한 소설이다.

이 소설은 단행본으로 출판하기 전에 스포츠신문에 연재를 하면 안성맞춤일 작품이다. 스포츠신문에 연재를 하면서 세간의 화제를 잔뜩 불러일으킨 뒤에 단행본으로 출판하면 대박이 날 것이고 단행본으로 대박이 나면 그 여세를 몰아 영화로 제작하면 또 대박이 날 가능성이 많았다. 영화로 대박이 나면 그 다음에는 연극으로 대박이 날 것이라며 내 딴에는 별별 궁리를 다하고 별별 상상을 다했다.

나라 안에 시끌벅적한 화제를 뿌릴 이 작품을 영화로 만들겠다는 감독 만나기가 그리 만만치가 않을 것이다. 이 작품 주제가 청소년이 성에 눈뜨는 과정인데다가 다루는 사건들과 수위가 만만치 않아 어지간한 감독은 엄두도 못 낼 작품이다. 열린 사고를 바탕으로 성에 대한 올바른 의식을 가지고, 성 문제를 정면으로 다룰 수 있는 용기 있고 실력 있는 멋쟁이 감독이라야 한다.

옛날에 늙은 보살이 있었다. 그녀는 스님을 30년 동안이나 보살폈고, 그 스님을 위해 모든 뒷바라지를 해주었다. 그녀는 스님의 어머니였으며 또한 제자였다. 스님은 오랜 세월 동안 명상하고, 명상하고, 또 명상했다. 그 늙은 보살이 죽게 된 날, 그녀는 마을에서 창녀 한 명을 불러 이렇게 말했다.

"저 스님의 오두막집에 들어가거라. 그 옆으로 다가가 그를 껴안아 봐. 그리고 그가 어떻게 반응하는지를 내게 말해주렴. 오늘 밤 나는 죽을 것 같은데, 지금까지 내가 순수한 사람을 보살펴왔는지 확인하고 싶다. 나는 그가 순수하다는 확신을 못하고 있다."

그 창녀는 두려웠다.

"그는 매우 훌륭하며 성자다운 사람이에요, 우리는 그토록 성자다운 사람을 본 적이 없어요."

창녀까지도 그 스님에게 접촉하는 것을 죄스럽게 생각했다. 그러자

당신에게 남은 시간이 많지 않다

늙은 보살은 그녀에게 돈을 주면서 구슬렸다. 드디어 창녀는 오두막으로 가 문을 열었다. 스님은 여전히 명상 중이었다. 한밤중이었고 호젓한 곳이었기에 주변에 사람은 아무도 없었다. 스님은 눈을 뜨고 창녀를 바라보더니 기겁을 하고 벌떡 일어나면서 말했다.

"그대는 왜 들어오는가? 당장 나가라!"

그의 몸 전체가 떨고 있었다. 창녀는 더 가까이 갔다. 스님은 오두막집 밖으로 뛰쳐나가면서 외쳤다.

"이 여자가 나를 유혹하려 한다!"

창녀가 돌아와 자초지종을 이야기했다. 늙은 보살은 눈을 지그시 감고는 이렇게 말했다.

"그 자는 아무 쓸모가 없다. 그는 아직 순수하지 못하다. 그는 성자인 것처럼 보이지만 그의 성스러움은 추악하다. 왜 그토록 빨리 네가 창녀라는 것을 알아차렸을까? 한 여인이 들어가고 있었지, 창녀가 아니었다. 왜 그는 여자가 자기를 유혹하러 왔다고 생각했을까? 그는 최소한 친절해야 했다. 그는 이렇게 말했어야 했다. '들어와서 앉으시지요. 무슨 일로 오셨습니까?' 그는 최소한 약간의 연민심이라도 보여줬어야 했다. 그리고 비록 여자가 자기를 안았더라도 왜 두려워해야 되는가? 그는 나에게 30년 동안 '나는 육체가 아닙니다'라고 말했다. 그의 말대로 육체가 아니라면 왜 그토록 여자를 두려워해야 하는가? 그자는 성을 초월한 것이 아니라 단지 억압하고 있었던 것이다."

그리고 하인을 시켜 스님이 살던 오두막을 불태워버렸다.

우리나라는 여러 가지 형태로 사회 곳곳에서 성을 억압하고 있는 대단히 위선적인 사회이다. 가령 저 유명한 1인극 〈버자이너 모놀로그〉만 해도 좋은 예가 된다. 버자이너는 여자의 성기를 뜻하는데 이 단어를 사용할 수 없어 그냥 '버자이너'로 해야 한다.

이는 우리 사회가 그만큼 솔직하지 않다는 것을 단적으로 증명한다. 이런 위선적인 나라, 이런 위선적인 사람들이 사는 우리나라에서 내가 쓴 파격적 작품 〈동정제〉를 과연 영화로 만들겠다는 감독을 찾을 수 있을까?

2008년 연말이었다. 사석에서 이런 내 뜻을 설명하고 "우리나라 영화감독 중에 누가 동정제를 영화로 만들 수 있을까?" 하고 물었더니 누군가가 말했다.

"청소년의 성문제를 다뤄 히트한 〈몽정기〉의 정초신 감독이라면 혹시?"

나는 그날 귀갓길에 비디오점에서 〈몽정기〉를 빌려 흥미 있게 보았다. 그리고는 즉각 인터넷에서 정초신 감독에 관한 정보를 찾았다.

정초신 감독에 관한 여러 정보를 찾아서 읽었다. 그리고 팬카페와 블러그, 관련 기사 등을 찾아서 읽었다. 그 다음에는 여기저기 들쑤셔 가까스로 연락처를 알아내 전화를 걸어 메모를 남겼다. 며칠 지나지 않아 그와 연락이 닿았다. 나는 간단하게 내 소개와 작품 소개를 하고 용건을 말했다.

"감독님, 제가 쓴 동정제 원고를 이메일로 보내드리겠습니다. 한 번 검토해보시고 연락주시면 고맙겠습니다."

"네, 원고를 정독한 후에 연락드리겠습니다. 감사합니다."

수화기를 놓자마자 나는 동정제 원고를 이메일로 보냈다. 그리고 2009년 새해가 되어 문자 메시지로 새해인사를 보냈다. 그러자 곧 답신이 왔다.

"송 선생님도 새해 복 많이 받으십시오. 제가 이삿짐 정리가 안 되어 정신이 없습니다. 빨리 읽겠습니다. 초반 30쪽 정도는 읽었는데, 도입부가 아주 흥미진진합니다."

나는 정초신 감독의 문자 메시지를 받고 자신감이 생겨 혼자 중얼거렸다.

"초반 30쪽 정도 읽었는데 도입부가 아주 흥미진진하다고 했으니, 후반부로 가면 더 흥미진진할 것입니다. 다 읽어보시면 작품이 마음에 쏙 들 것입니다."

드디어 우리는 정초신 감독이 잘 가는 강남의 카페에서 만났다. 단번에 우리는 의기투합했다. 그가 말했다.

"송 선생님, 그 작품은 저보다 ○○○ 감독이 더 적임자 아닐까요."

"아닙니다. 저는 정 감독님이 더 적임자라고 생각합니다."

내가 단호하게 말했다. 그러자 정 감독은 못 이기는 척하면서 내 뜻을 받아들였다. 마침내 정초신 감독이 내 작품을 영화로 만들겠다고 했다. 그 순간 나는 내 귀를 의심했다. 세상에! 내 작품이 유명한 감독에 의해 영화가 된다니! 그날 우리는 기분 좋게 술을 마셨고, 기분 좋게 취했다.

그 뒤에 우리는 다시 만나 여러 가지 문제를 협의했다. 그러던 중에 정 감독이 말했다.

"송 선생님, '동정제'를 영화로 만들면 국내에 바로 개봉하는 것보다 외국의 유명 영화제에 출품해 권위 있는 상을 받고 난 뒤에 국내에 개봉을 하면 대박이 터질 것입니다."

나 듣기 좋아라고 하는 소린 줄 알았는데 그의 표정으로 보아 그게 아니었다. 그리고 우리는 만난 지 얼마 되지 않고, 서로 농담할 군번도 아니고 정 감독이 쉽게 농담할 사람도 아니었다. 그래도 나는 내 귀를 의심하면서 물었다.

"정 감독님, 외국 영화제에 가서 상을 받는 일이 그리 쉬운 일이 아니지 않습니까?"

"그렇긴 합니다. 그런데 선생님 작품은 재미만 있는 게 아니라 작품성이 높아 영화를 잘 만들면 상을 받을 수 있을 거라 생각합니다."

"그래요?"

"세계적으로 영화제가 수없이 많습니다. 그런데 동정제를 출품할 수 있는 성격의 영화제가 약 200여 개 있습니다. 그중에서 상위 20위 권에 드는 영화제에서 상을 받아야 좀 알아주고 인정을 받지, 그 하위 권 영화제는 받아야 별로 알아주지를 않습니다."

"상위 20위권에 드는 국제영화제에서 상을 받는 일이 대단히 어려울 것 같은데요."

"자신 있습니다."

그날 밤 나는 가슴이 설레고 벅차 잠을 잘 수 없어 새벽녘에야 겨우 잠이 들었다. 드디어 정초신 감독이 동정제를 제작했다. 제작비도 많이 들이지 않고 공들여 만들어 국제영화제에 출품했고 마침내 대상을 받았다. 상을 받고 귀국하는 정 감독이 인천공항에서 여기서 번쩍 저기서 번쩍 플래시 세례를 받으며 인터뷰를 했다. 그리고 극장에서 개봉을 하자마자 대박이 터졌다. 나는 큰소리로 외쳤다.

"대박이다! 대박이다! 세계적인 정초신 감독 만세!"

그때 옆에서 자고 있던 아내가 나를 흔들어 깨우면서 짜증스레 말했다.

"잠을 좀 곱게 주무시지. 애들처럼 잠꼬대를 그리 해요? 요즘 부쩍 비슷한 잠꼬대를 많이 하는데 갑자기 기력이 떨어진 거예요? 그렇다면 보약이라도 좀 드셔야겠어요."

날이 밝았다.

간밤에 꾼 대박꿈 이야기를 정 감독에게 전화로 얼른 해줘야지 하고 수화기를 들었다가 도로 놓으면서 혼자 멋쩍게 웃었다. 이 광경을 본 그녀가 말했다.

"혼자 히죽 웃는 게 꼭 실성한 사람 같아요? 어디 아프신가요?"

나는 고개를 가로 저으면서 그녀를 향해 또 한 번 히죽 웃었다.

"그대 달력을 고쳐라."

알렉산드로스 대왕이 페니키아를 정복할 무렵의 일이다. 다른 지방은 다 정복되었지만 테베시만은 정복하지 못했다. 대왕은 점술가에게 물었다. 점술가는 점을 이렇게 대답했다.

"이번 달 안으로 정복이 가능할 것입니다."

그러자 주위 사람들이 포복절도할 듯이 웃었다. 왜냐하면 그날이 바로 그달의 마지막 날이었기 때문이다. 그러나 알렉산드로스 대왕은 웃지 않고 다음과 같이 엄명했다.

"오늘을 내 명령에 의해 23일로 고친다. 자, 지금부터 공격이다! 앞으로 진격!"

알렉산드로스 대왕은 그 길로 테베시로 진격했다. 마침내 그달 안에 페니키아 전체를 점령했다. 그 점술가의 예언이 적중한 것이다.

부록

1

정면돌파 이력서는 언제, 왜 써야 하는가?

2

정면돌파용 직장인 유서 견본

3

정면돌파 십계명

1 정면돌파 이력서는 언제, 왜 써야 하는가?

아름다운 여자가 있었다. 젊은 오빠들이 300명이 몰려들었다. 아름다운 여자가 말했다.

"저는 한 명이고, 오빠들은 300명입니다. 저는 한 오빠와 결혼할 것입니다. 내일까지 법화경을 외워오는 오빠와 결혼하겠어요."

다음날 열 명의 오빠가 법화경을 외는데 성공했다. 아름다운 여자가 말했다.

"법화경을 외워온 오빠가 열 명이나 되는군요. 저는 한 오빠와 결혼할 거예요. 내일까지 법화경의 의미를 설명할 수 있는 오빠와 결혼하겠어요."

다음날 세 오빠가 법화경을 그럴듯하게 설명했다. 아름다운 여자가 말했다.

"법화경의 의미를 설명하는 오빠가 세 명이군요. 저는 한 오빠와 결혼할 거예요. 외는 것이나 설명하는 것은 단지 지식일 뿐이에요. 내일까지 법화경의 맛을 본 오빠와 결혼하겠어요. 저는 법화경이 자신의 존재 속으로 들어오고 마침내 법화경의 일부가 되는 것을 보고 싶어요. 저는 그런 오빠의 삶의 향기를 맡고 싶어요."

다음날 한 오빠가 합격했다. 그 오빠는 법화경이 삶 속에 스며 있었고, 그의 삶에는 법화경의 향기가 묻어났다.

　나도 법화경을 달달 외우는 것으로는 성에 차지 않는다! 법화경을 이해하고 설명을 하는 것도 성에 차지 않는다. 법화경을 내 삶 속에서 체득해야 하고 내 삶에서 구현해야 한다!

　그러자니 위험한 삶을 살 수밖에 없었다. 하기야 생명은 항상 위험하다. 산다는 것은 대단히 위험한 일이다. 죽은 자는 안전하고 산 자는 위험할 수밖에 없다. 나는 이날까지 자기 정체성을 버리고 주인에게 꼬리치는 대가로 안락한 삶을 보장받은 애완견의 삶이 아니라 한끼 한끼 끼니 걱정을 하면서도 자기 정체성을 지키고 자유롭게 사는 들고양이처럼 위험한 삶을 살고자 매순간 온몸으로 치열하게 정면돌파를 하면서 위험하게 살았다.

　내 삶은 전투였고 나는 전사였다. 앞만 보고 정신없이 살아오는 동안 실수도 많이 했고 후회도 많이 했다. 한숨도 많이 쉬었고, 눈물도 많이 흘리면서 상처투성이의 삶을 살아왔다. 여러 번 실수했고, 여러 번 쓰러졌고, 여러 번 절망하고, 여러 번 울면서 달고 쓴 것을 경험하고 선과 악을 경험했다.

　나는 어떤 전투에서는 승리하고, 어떤 전투에서는 패배했다. 그러나 패배가 승리를 위한 디딤돌이 되기도 하고 승리가 매우 나쁜 패배로 가는 지름길이 되기도 했다. 모든 패배가 실패를 뜻하는 것도 아니고 모든 성공이 승리를 뜻하는 것도 아니다. 내가 한두 전투에서 이기고 지는 일은 내 삶 전체를 놓고 보면 별 문제가 되지 않는다. 내 삶의 궁극적 판단은 일부 전투의 승리나 패배에 좌우하는 것이 아니라 삶 전체의 합계에 달려 있다. 그런 의미에서 아직 내 삶을 합산할 때가 아니다.

나는 자유를 내 삶의 최고 가치로 여기고 이를 위해서는 모든 것을 희생할 각오를 하고, 지금 이 순간 처음 만날 때처럼, 다시 못 볼 것처럼 온몸으로 치열하게 정면돌파하면서 살아왔다. 이날껏 내가 본 꽃과 나무, 벌과 나비, 산과 들, 강과 시내, 새와 토끼, 소와 보리밭, 하늘과 구름, 달과 별, 동무들, 선생님들, 그리고 자살한 누이, 내가 사랑했던 사람들, 공병우타자기, 조용필, 밥 때만 되면 나를 기다리는 무지개공원의 도둑고양이 새끼들, 초등학교 문 앞에도 못 가봤으면서도 나에게 자신을 귀히 여기라고 가르쳐준 우리 엄마보다 더 아름답고 소중한 것이 어느 하늘에 어느 천국에 또 있을까!

내가 아침에 일어나 걸어다니며 숨쉴 수 있고, 떠오르는 태양을 볼 수 있고, 새들의 지저귀는 소리를 들을 수 있고, 사랑과 기도와 감사와 침묵을 느낄 수 있는 것이 신비가 아니고 무엇인가, 이런 신비를 매일 만끽하는 것이 기적이 아니고 무엇인가? 나를 감싸고 있는 침묵, 나와 그대 사이에 흐르고 있는 사랑, 연꽃처럼 열린 가슴으로 서로 통하는 영적인 교류. 거대한 신뢰로 나를 마시며 사는 이 삶이 얼마나 행복한가! 내 삶에서 이

보다 더한 신비가 어디 있으며, 이보다 더한 축복 또한 어디 있을까!

지금까지 그러했듯이 앞으로도 내 삶에는 지금 이 순간밖에 없다! 공교롭게도 내 시계도 현재 밖에 표시하지 않는다. 지금 이 순간 내 총구는 불을 뿜고 있다. 내 총구에서 뿜어대는 정면돌파는 변화구가 아니라 직구이다. 나는 내 삶의 마지막 전투까지 직구만 쏘다가 장열하게 전사하고 싶다. 이 아름다운 세상 이 아름다운 천국에서 지금 이 순간, 여기에서, 처음 볼 때처럼, 다시 못 볼 것처럼 살다 죽을 것이다

내가 60이 되던 날, 생일상을 마다한 것은 지금 전투 중인데 한가하게 생일상 따위나 받고 희희낙락할 처지가 아니라고 판단했기 때문이다. 내가 그동안 어떻게 살아왔는지 내 삶을 점검하고, 앞으로 어떻게 살 것인가에 대해 작전을 짜는 것이 더 중요하다고 생각했다.

그날 온종일 내 삶의 발자취를 한줄 한줄 적어보았더니 다음과 같은 구질구질하고 어수선한 이력서가 되고 말았다. 그러나 이것은 내 땀과 눈물과 피로 얼룩진 내 삶의 궤적이다. 그리고 팩트다. 이를 '정면돌파 이력서'라고 명명하고, 세상에 공개하자니, 못난 내 꼴이 닭 울기 전에 예수님을 세 번이나 부인한 베드로처럼 부끄럽고, 부끄럽고, 또 부끄럽다.

그러나 지금 나는 전사이고, 나는 지금 교전 중이다!

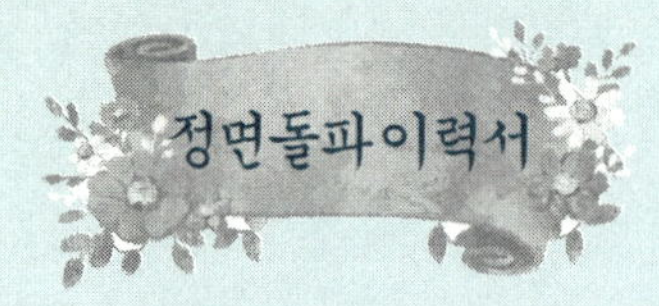

- 이름 : 송현

- 호 : 무향(無向), 하륜(河輪)

- 혈액형 : AB

- 키 : 172cm 몸무게 : 75kg

- 출생 : 부산

- 직업명 : 시인, 교수, 소설가, 한글기계화 연구가, 아동문학가, 한글자형 학자, 칼럼니스트, SS이론 발명가, 라즈니쉬 연구가, 언론인

- 연락처 : [전화] 019-203-9658, [이메일] nowhss@hanmail.net

- 좌우명 : 지여처대(지금 이 순간 여기에서, 처음 만날 때처럼, 다시 못 볼 것처럼)

- 병역 : 육군 실역필(1973년) 계급 이병, 군번 : 92721XXX

- 주량 : 소주 1병

- 흡연 : 안함

- 자녀 : 1남 1녀

- 자격증 : 중등학교 2급 정교사 자격증(국어과), 보이스카우트 대장 자격증

- 존경 인물 : 라즈니쉬. 함석헌 선생, 공병우 박사, 이오덕 선생, 한창기 사장

- 감명깊게 읽은 책 : 〈뜻으로 본 한국역사〉 함석헌 지음

- 선호 음식 : 영동설렁탕, 일지각 짜장면

- 애창곡 : 빛과 그리고 그림자, 당신은 몰라, 상처, 해후

- 좋아하는 연예인 : 조용필, 윤정, 이희복

- 애장품 : 함석헌 선생 글씨 2점, 공병우 박사 침대, 섹스 병풍 외

- 좋아하는 술 : 진로 소주

- 좋아하는 차(茶) : 커피

- 좋아하는 간식 : 오징어, 쥐포

- 좋아하는 색깔 : 카키색, 베이지색

- 좋아하는 꽃 : 코스모스

■ 좋아하는 강아지 : 딱지, 꽁지, 뭉치, 공무

■ 연구소 : 130-100 서울 동대문구 장안동 373-6 한글문화원

■ 홈페이지 : www.songhyun.com

현재 | 한글문화원 원장

| 무향자연학교 교장

| 한국SS이론연구소 소장

| 한국향기명상협회 고문

| 한국에스페란토협회 명예이사

| 한국라즈니쉬학회 회장

| 인터넷신문 브레이크뉴스 주필

| 초등학교 한자교육 반대투쟁위원회 공동대표

송현 팬 및 팬클럽 현황

❶ 다음(Daum)에 송현 팬클럽 카페(SS이론) 회원 1만 6천여 명

❷ 성인사이트 www.yesbl.com 송현 클럽 회원 6천여 명

❸ 한국 SS이론연구소 회원 3천여 명

❹ 네이트 회원(011, 017) 5만여 명

❺ SS이론 책 독자 3만 명

　합계 : 10만여 명

학력 | 부산대신중학교 졸업 (12회)

| 부경고등학교 졸업 (17회)

| 동아대학교 국문과 졸업 (1969년)

| 동아대학교 대학원 국문과 수학 (1972년)

| 대원불교 대학 졸업 (1989년)

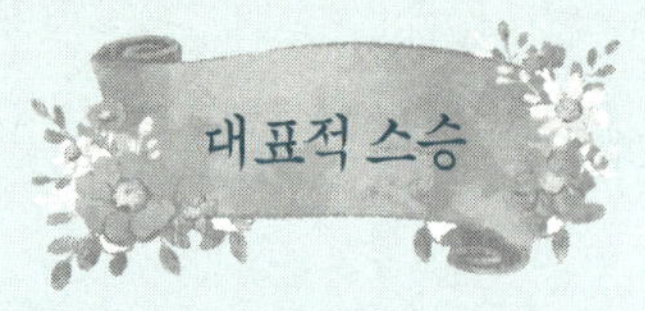

1 함석헌 선생

올바른 삶, 우리나라와 우리 역사에 눈 뜨게 해준 정신적 스승

1 1960년 무렵 문학청년 시절 부산에서 〈죽을 때까지 이 걸음으로〉와 〈뜻으로 본 한국역사〉 등을 전율하면서 읽고 크게 감동을 받고, 정신적 스승으로 모시기로 작정함. 그 뒤 선생님의 전집 20권 외 모든 저작물을 독파함.

2 장기려 박사님 주관 아래 부산 송도 복음병원에서 열리던 '부산모임'에 매월 셋째 주 일요일에 참석해 선생님의 성경 말씀을 온몸으로 듣고 성경과 하느님의 역사하심을 배움.

3 1974년 상경해 서라벌고등학교 교사 시절에 선생님께서 주관하시던 명동 가톨릭 여학생관 성경모임에 매주 출석해 성경, 장자, 노자 등의 강의를 경청하면서 선생님의 광대무변한 정신세계와 치열한 역사의식, 내 조국을 사랑하는 것을 배움.

4 박정희 유신독재 시절 선생님께서 1976년 3.1 명동 구국선언문 사건으로 투옥되면, 옥사할 것을 각오하시고 가톨릭 여학생관에서 사랑하는 제자 10명 남짓에게 세례를 주었는데, 그때 세례를 받음.

5 선생님의 친필 글씨 3점과 미공개 사진 몇 점을 가보로 보관 중.

6 1990년 대원사와 〈함석헌 위인전〉 집필 계약한 뒤, 3년 뒤에 선생님에 대해 더 공부를 하고 쓰기로 하고 계약금을 돌려주고, 아직도 쓰지 못함.

7 국내 최초로 선생님을 시인으로 조명한 〈시인 함석헌〉을 집필, 명상출판사에서 출간함.

2 우찌무라 간죠

성경 해석에 대한 새로운 세계와 경지를 가르쳐준 정신적 스승의 스승

1 존경하는 스승 함석헌 선생의 스승인 우찌무라 간죠 전집을 독파하고 그의 독창적 성경 해석에 심취하고, 역사, 인생, 문학과 예술세계에 매료되어 존경하고 그의 삶을 배움.

2 우찌무라 전집을 머리맡에 두고 애국심과 그리스도 사랑과 인류에 대한 사랑을
배움.

3 최현배 박사
우리말과 글을 사랑하는 일이 애국의 기초임을 일깨워준 한글 사랑의 스승

1 동아대 국문과 초빙교수로 오실 때 박사님의 한글 풀어쓰기와 우리말 사랑 정신 등
을 배움.
2 내 삶에서 한글 사랑과 우리말 사랑을 실천한 것을 최현배 박사님에게서 배움.
3 박사님께 받은 친필 편지 1통을 가보로 보관하고 있음(외솔기념관에 기증할 계획).

4. 공병우 박사
한글기계화를 통한 과학적인 삶과 애국을 가르쳐준 한글기계화의 스승

1 1974년 서라벌고등학교 교사 시절에 공병우타자기를 구입한 뒤 공 박사를 알게 되어
2 공 박사의 제안으로 공병우한글기계화연구소 부소장으로 취임해 한글기계화와 우리
말, 우리글을 사랑하는 것과 나라사랑 정신 등을 온몸으로 배움.
3 공병우타자기주식회사 대표이사가 되어 공병우타자기 보급 운동에 힘쓰고
4 국내 최초로 공병우 한영타자기를 해외에 수출함.
5 처음에는 공 박사의 제자로 입문해 10여년 열심히 공부한 뒤에는 글자판 투쟁의 동
지(?) 같은 사이가 되어 박정희 독재정권에 목숨을 걸고 글자판 통일 투쟁을 함.
6 박정희 유신정권에서 민간통일자판을 만들어 상공부 장관 상대로 행정소송을 함(인
권 변호사 조영황 변호사가 무료 변론 맡음).
7 전두환 집권 초기에 포고령 위반으로 10일간 구속되었으나 포고령 해제로 풀려남
(10일 구속되어 10kg 빠지는 것을 경험).
8 주요한 박사와 한글기계화촉진회, 공병우 박사와 남북한 글자판통일추진회 등을 만
들어 한글기계 글자판 통일운동과 자판 싸움을 주도함.
9 1990년대에 미국에 있던 공병우 박사가 경비 전액을 지원하는 조건으로 미국 유학
을 초청했지만 국내의 글자판 투쟁을 위해 사양함.
10 공 박사 관련 한글기계화 희귀 자료를 천여 점 소장하고 있으며
11 공 박사가 돌아가신 뒤 서울 장안동에 한글문화원 재건함.

12 〈공병우 위인전〉을 집필 출판함(2006년 작은씨앗출판사).

13 한글기계화박물관 건립을 위해 동분서주하고 있음.

5 이오덕 선생
내 삶이 묻어나는 살아 있는 작품을 쓰도록 일깨워준 아동문학 스승

1 선생의 〈일하는 아이들〉 외 여러 뛰어난 저작물을 읽고 크게 감동해 존경하던 중

2 1980년대에 선생님께서 경기도 과천으로 오신 뒤에 종종 찾아뵙고 어린이를 사랑하는 정신과 아동문학의 나아갈 바른 길 등을 배우고 아동문학의 스승으로 모시기로 작정함.

3 선생께서 창비 아동문고에 내 동시 '비오는 날' 등을 추천해주셨고

4 종로서적에서 출간하는 〈종울림 소년문고〉에 졸작 〈판돌이 특공대〉를 추천하여 주시는 덕분에 본격적으로 동화와 동시를 쓰고

5 선생께서 창립한 한국어린이문학협의회 3~4대 회장을 하도록 내게 기회를 주셨고

6 선생께 받은 영향으로 김치냄새와 된장냄새가 나는 동화, 동시 작품을 많이 썼고

7 내가 쓴 〈도깨비학교 문고〉(디자인하우스 출판)는 약 3백만 권 이상 팔렸고

8 내 동시집 〈우리 엄마 회초리〉 등은 일본어로 번역 출간 준비 중.

6 라즈니쉬
영적 눈을 뜨게 해준 내 삶에서 최고의 축복이자 은총인 영적 스승

1 1970년대에 라즈니쉬 공부를 시작한 이래 라즈니쉬의 저서 250여 권을 독파함.

2 라즈니쉬 제자로 입문함.

3 1차 영적 개안 (1996. 6. 15)

4 1996년 비말끼르띠라는 법명을 받고 라즈니쉬의 제자가 됨.

5 세계 최초로 〈라즈니쉬 예술론〉 집필.

6 국내 최초로 라즈니쉬 입문서 〈영적 스승 라즈니쉬〉 출판(명상출판사).

7 2차 영적 개안(2006. 9. 3)하여 무향지도(無向之道)를 깨우치고 무향선(無向禪) 체계를 세우고 공개함 (중앙불교신문 브레이크뉴스).

8 라즈니쉬의 해설서 〈사랑론, 행복론, 종교론, 성공론, 자연론, 평화론, 구도론, 제자론, 스승론〉 등 10여 권을 집필 중.

9 라즈니쉬학회를 창립하여 초대 회장에 취임.

10 '라즈니쉬 사랑론'을 〈브레이크뉴스〉와 〈주간현대〉에 동시 연재 (2009. 4).

11 한국 라즈니쉬디지털대학 설립 준비 중.

문단 데뷔

1 1975년 월간 〈시문학〉에 서정주 선생 추천으로 시인으로 등단함 (추천 작품 : 비밀, 넝쿨, 참회록 등).

2 월간 〈소년〉에 동화 '소싸움'을, 창비아동문고에 동시 '비 오는 날' 등을 발표하고 동화작가로 활동함 (이오덕 선생 추천).

일반 경력

1974~1976	서라벌고등학교 국어 교사
1976~1978	공병우 한글기계화연구소 부소장 (소장 공병우)
1976	정신적 스승 함석헌 선생에게 세례 받음 (가톨릭 여학생관 성경모임)
1978~1982	공병우타자기주식회사 대표이사 사장
1982	청와대 한글기계화 정책 자문
1976~	한글기계화추진회 회장
1985~1988	한국현실문제연구소 소장 (이사장 정대철)
1988~1989	월간 〈디자인〉 편집 주간
1989~1991	월간 〈굴렁쇠〉 편집 주간
1991	한글표준글자꼴 제정 전문위원 (문화부)
1992	남북한 한글 자판통일추진회 회장
1992	한국 어린이문학협의회장
1992	민족문학작가회의 아동문학분과 위원장
1992	한국어린이문학협의회 회장
1994	삼성 주부교실, 롯데문화센터, 오리리문화센터 강사
1979	문장용 타자기 연구회 회장
1982	대한 인간공학회 정회원
1996	영적 스승 라즈니쉬에게 법명 받음(비말끼르띠)

1999	한글문화연구회 이사 (이사장 정대철)
1995~1997	서울예술신학교 교수
2001	명상출판사 고문
2001	건강미디어왕국 CEO
2001~5년	정일형 · 이태영 자유민주상 심사위원
2003.5	〈샘이 깊은 물〉에 공개구혼 뒤 새혼(KBS TV 인간극장 5부작 방영)
2004	송현새혼학교 설립 (교장)
2004	성신여대 평생교육원 교수
2004.11	사법개혁 국민연대 공동대표로 추대됨
2005.3	남북한 한글 폰트 비교연구회 고문
2005.3	경기대학교 사회교육원에 결혼정보관리사 과정을 개설하고 주임교수 취임
2006	칭따오 이공대학 명예박사과정 '고수론' 특강 교수
2006.12	인터넷 뉴스 〈브레이크뉴스〉 논설위원
2007	필화 사건 (이명박 대통령 후보로부터 명예훼손으로 고발당함)
2008.10	한글날 글자꼴 집현전 전시회 자문위원 (문화관광부 주최)
2008	〈브레이크뉴스〉 문화예술상 심사위원장
2009	한국라즈니쉬학회 회장
2009	〈브레이크뉴스〉 주필
2010	초등학교 한자교육 반대투쟁위원회 공동대표

방송 경력

1994	KBS 라디오 '행복이 가득한 곳에' 진행
1995	KBS 라디오 '송현 인생칼럼' 진행
1994	KBS TV '비지니스맨 시대' 진행
1995	CA TV 채널 23번 '영재교실' MC
1999	CA TV 〈재능방송〉 {케이블 스쿨 가정교육} MC
2005	SBS 라디오 '송현 인생고민 상담' 진행

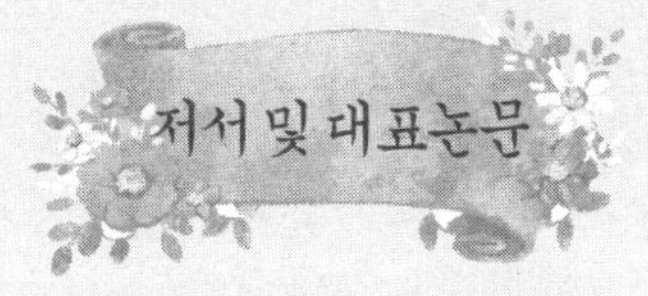

시집

1 청산의 서, 친학사, 1968년

2 참회록, 시문학사, 1975년

3 차를 마시면서 왜 뒤를 돌아보아야 하나, 작은책, 1990년

칼럼집

1 우리시대의 시민정신, 지식산업사, 1985년

2 대통령은 변소청소를 한대나 어쩐대나, 작은책, 1990년

3 그대는 지금 누구를 만나야 한다, 정암문화사, 1990년

4 지식 한 트럭보다 눈물 한 방울, 명상, 1990년

5 글쎄 푼수를 떤대나 어쩐대나, 인화, 1992년

6 흔들리는 자녀를 바르게 키우기, 집문당, 1995년

7 여자는 알 수 없다, 자유문학사, 1997년

8 소리내고 먹으면 더 맛있다, 한교원, 1991년

9 공개구혼, 한비미디어, 2002년

10 지여처다, 휴먼비전, 2008년

소설

1 오빠의 방, 명상, 1991년

2 소리,소리,소리, 동양문학사, 1991년

3 도청(4권), 씨엔씨미디어, 1997년

4 어머님 전상서(상 · 하), 나눔사, 2005년

5 동정제 (근간, 〈몽정제〉의 정초신 감독과 영화제작 합의)

동화집

1 판돌이 특공대, 종로서적, 1987년

2 쥐돌이의 비밀잔치, 현암사, 1990년

3 판돌이대작전, 웅진출판사, 1992년

4 쥐돌이의 세상구경, 사계절, 1998년

5 도깨비학교 문고 11권, 디자인하우스, 1992년

6 판돌이와 똥개, 태동어린이, 2001년

7 판돌이 특공대, 태동어린이, 2001년

8 쥐돌이의 첫 번째 배낭여행, 명상, 2000년

9 쥐돌이의 두 번째 배낭여행, 명상, 2002년

10 엄마아빠 몰래 보던 만화책, 채우리, 2002년

11 공병우 박사 위인전, 작은씨앗, 2007년

12 도둑고양이의 꿈 (근간)

13 말하는 강아지 딱지 (근간)

동시집

1 우리 엄마 회초리, 명상, 2001년

2 풍뎅아 나랑 놀자, 명상, 2001년

3 코딱지 후비는 재미, 명상, 2001년

연구서

1 시인 함석헌, 명상, 2000년

2 영적스승 라즈니쉬, 명상, 2000년

3 한글기계화 개론, 청산, 1984년

4 한글기계화 운동, 인물연구소, 1982년

5 한글자형학, 디자인하우스, 1985년

6 한글을 기계로 옳게 쓰기, 대원사, 1989년

7 시낭송 잘하는 법, 집문당, 1996년

8 두시간 연습으로 20m 헤엄치는 법, 지식산업사, 1992년

9 여성중심의 사랑, 명상, 2003년

10 남성중심의 사랑, 명상, 2003년

11 내가 완성한 오르가슴 체계도(근간)

12 라즈니쉬 예술론 (근간)

13 영어 30마디로 해외여행 10배로 즐기는 법 (근간)

대표 논문

1 어린이를 괴롭히는 아동문학, 광장, 1986년

2 우리를 괴롭히는 도깨비 시들, 광장, 1986년

3 시낭송에 문제 있다. 시문학, 1986년

4 한국문단 지인론, 동서문학, 1986년

5 카이스트에는 왼손잡이만 있는가, 샘이깊은 물, 1986년

6 풀어쓰자는 주장을 반박한다, 한글기계화 회보, 1978년

7 김정흠 교수의 '국한문 혼용 과학적 고찰' 반론, 한글새소식, 1977년

8 조선글 타자기를 공개한다, 샘이깊은 물, 1990년

9 한글자형학 정립을 위한 제언, 시각디자인, 1987년

10 과학적인 글자를 비과학적으로 쓰고 있다, 마당, 1986년

11 한글 글자꼴 변별론, 디자인, 1986년

12 한글컴퓨터와 정신착란, 샘이깊은 물, 1986년

13 한글 글자꼴 연구, 출판연구소 논문집, 1986년

14 한글디자인 이전에 알아야 할 기계화 상식, 월간 꾸밈, 1978년

15 문학비평을 비평한다, 광장, 1987년

16 한글기계화 5공청산을 해야 한다, 샘이깊은 물

17 어머니는 가장 위대한 스승, 우리 엄마 회초리

18 자연은 가장 위대한 교과서, 풍뎅아 나랑 놀자

19 김일성 주석님께 드리는 공개 편지, 예감, 1991년

20 동시가 살아야 어린이가 살고 어린이가 살아야 나라가 산다, 코딱지 후비는 재미

21 IT시대의 동심과 자연, 한국아동문학연구소 세미나 주제 발표 논문

22 한글기계화 글자판통일 기본 원칙, 서울대학교 인문대학 세미나 주제 발표 논문

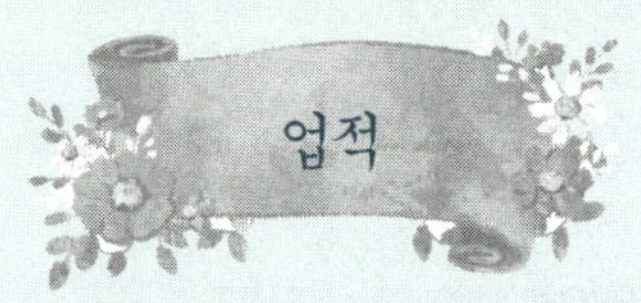

송현이 국내 최초로 한 일

1 중학교 교사로 박정희 유신독재 반대 삭발 (1974년. 부산 G중학교 교사)

2 도로표지판 한글글자꼴 연구 발표 (월간 〈디자인〉, 1985년)

3 한글기계화의 이론적 체계를 세운 〈한글기계화개론〉 출간 (청산출판사, 1985년)

4 한글글자꼴에 대한 새로운 학문 〈한글자형학〉 출간 (월간 〈디자인〉, 1985년)

5 시 낭송의 이론적 체계를 수립한 〈시낭송 잘하는 법〉 출간 (1996년, 집문당)

6 글자꼴 가독성 비교법 창안 (문화관광부 연구보고서, 2003년)

7 새로운 성이론 SS이론 발명 (2003년 〈일간스포츠〉 연재, 〈여성중심의 사랑〉 출간)

8 결혼정보관리사 과정을 경기대학교 사회교육원에 개설. 주임교수가 됨 (2004년)

9 생활 실천선 무향선(無向禪)을 창안하고 무향선원 개설 (서울, 2006년)

10 정신세계 유목민 교육기관 무향자연학교 설립 (강원도 원주 치악산 자락, 2006년)

11 2시간 연습으로 20m 헤엄치는 '송현식 수영비법' 창안 (지식산업사, 1983년)

12 송현 새혼학교 설립 (2003년 서울, 수원)

13 송현 결혼학교 설립 (2004년 서울)

14 라즈니쉬 해설서 〈젊은 날에 만나야 할 영적스승 라즈니쉬〉 출간 (명상, 2000년)

15 함석헌 선생을 시인으로 조명한 〈시인 함석헌〉 출간 (명상, 2000년)

16 한국의 고유한 농촌 풍경을 동시와 동화 600여 편으로 담는 작업 (2004년)

17 향명학(香暝學) 및 향선(香禪) 학술체계 수립 (한국향기명상협회 연재 중)

18 문장용타자기연구회 발족, 한국 문단에 타자기 시대 개척 (1976년 정을병, 신석상 씨 등)

19 박정희 정권 당시 글자판 투쟁 7년전쟁에 뛰어들어 사생결단으로 싸워 꺼져가던 자 판투쟁의 불씨를 살리고 교두보를 확보함 (공병우 박사 자서전 평가)

20 한글글자판 통일을 위해 상공부 장관 상대의 행정소송을 주도함 (한글기계화촉진회)

21 청와대에 표준자판 폐지 건의 후 과기처와 공식 대담에서 승리함 (〈뿌리깊은 나무〉 발표)

22 북한 천리마타자기 연구 분석 공개 (세계일보 보도)

23 북한이 천리마타자기 자판을 ISO(국제표준기구)에 세계 표준으로 신청하자 조목조 목 분석 비판하여 김일성 주석에게 관련자 처벌을 공개 건의함 (월간 〈예감〉 발표)

24 한글기계화 표준자판 폐지를 위한 청와대 정책 자문 후 4벌식 폐지에 결정적 역할 을 함 (〈샘이깊은 물〉 발표)

25 남북한 글자판통일추진회 결성해 남북자판 통일의 물꼬를 틈 (회장 : 송현, 부회장 : 공병우 박사)

26 공병우 박사로부터 경비 전액 지원으로 미국 유학 초청을 받고도 국내 글자판 싸움 을 중단할 수 없어 사양함

27 3벌식 글자판 통일을 위한 청와대 정책 자문 (전두환 정권 시절)

28 제임스 조이스의 〈율리시즈〉를 읽고, 한국판 율리시즈(실험장편소설—소리, 소리, 소 리)를 집필하고 2,200매를 〈동양문학〉에 집중 분재함.

29 김영삼 대통령이 중국 방문 때 한자로 서명하는 것을 강도 높게 비판함 (〈샘이깊은 물〉 게재)

30 김대중 대통령이 UN에서 영어로 연설하는 것을 강도 높게 비판함 (〈우리말 우리얼〉 에 발표)

31 이명박 대통령 후보의 기독교 편향 행보 비판으로 명예훼손 고발당함.

송현의 새로운 생각

1 공병우타자기주식회사 대표이사에 취임하자(31세) 매일매일 생애 마지막 순간처럼 치열하게 살기 위해 유서를 써 항상 몸에 지니고 다님.

2 구입하는 어린이가 주인공이 되는 그림동화 〈도깨비학교 문고〉 기획 집필 (디자인하우스, 약 300만 권 팔림, 1992년)

3 국내 최초로 출판 경매회사 설립 (2005년 연합뉴스, 조선일보 등 언론 보도)

4 월간 〈샘이 깊은 물〉에 공개구혼하여 새혼함 (KBS TV 다큐멘터리 5부작 방영, 2003년)

5 전문서적 집필을 지도하는 '송현 신발장 이론' 창안 (2003년 무향자연학교)

6 이라크민병대 합류 한국민간참전지원단을 만들어 단장이 됨 (2004년, 월간 중앙)

7 치매를 앓다 돌아가신 어머니 유골상자를 10여년 째 머리맡에 모심 (2005년, 동아일보)

8 〈빨리빨리총서〉 기획 (명상출판사와 계약, 2003년)

9 나따사함(나홀 따로 사흘 함께) 방식의 새혼 생활을 실행에 옮김 (2003년 국민일보 보도)

10 국내 작가 최초로 출판매니저를 둠 (1997년 출판인 한성희 선생)

11 문장용타자기 원고지 개발함 (1987년 문장용 타자기 연구회)

12 '이선규약학상' 제정 제안 (동성제약 제정)

13 '정일형 자유민주상' 제정 제안 (정일형·이태영 기념사업회)

14 회의시간 절약을 위해 서서 하는 회의를 최초로 실시함 (공병우타자기주식회사, 1988년)

15 스승의 은혜를 잊지 않기 위해 매년 4일 단식함 (함석헌, 공병우, 라즈니쉬, 한창기 사장 기일)

16 함석헌 선생께서 1식 하는 것을 보고 30여년 째 아침을 먹지 않음 (1일 2식)

17 송현식 초집중 독서방법 개발 (1992년)

18 국내 최초 서면출판기념회 개최 (1985년 〈한글기계화개론〉 출판 때)

송현이 만든 말과 학술용어 (약 1,300개)

1 새혼 : 재혼의 새로운 말 (네이트 국어사전에 실림, 2006년)

2 나따사함 : 나홀 따로 살고 사흘 함께 사는 새로운 행태의 삶 (2004년 동아일보 보도)

3 들날뚱홀체 : 네모틀에서 벗어난 글자를 지칭하는 한글자형학 용어 (1985년)

4 지켜처다 : 지금 이 순간, 여기에서 처음 볼 때처럼, 다시 못 볼 것처럼 사는 정신

5 한글자형학 학술용어 400여 개 만듦 (1985년/변별점, 변별거리, 주판독. 종판독, 경
  험판독 등)

6 성관련 비유법 용어 500여 개 만듦 (2003년/귀염둥이, 황금연못, 자습, 자립, 전지
  훈련 발사 등)

7 향명학 · 향선 용어 400여개 만듦 (2005년 향명학, 향명산업, 채향사, 몰향, 탈향,
  월향 등)

송현이 세계 최초로 한 일

1 오르가슴 체계도 완성 (단행본 출간 예정)

2 라즈니쉬 예술론 집필 (3,600매, 명상출판사 출판 계약함)

3 지여처다 정신의 창조

기타

1 〈스포츠투데이〉에 SS이론 1년간 연재하여 팬클럽 SS이론 카페 생김 (2006년 회원
  1만 6천 명)

2 월간 〈수정〉에서 40대 중 한국 최고 고집쟁이 1번으로 선정 소개함 (1984년 2월호)

3 종로서적 제94회 베스트셀러 작가와 대화 초대 (1992년)

4 KBS TV '인간극장'에서 송현의 사랑과 삶을 다큐멘터리 5부작으로 방영 (2003년
  6월)

5 MBC TV '임성훈과 함께'에서 송현 새혼부부의 사랑과 삶을 방영함 (2003. 6)

6 〈월간중앙〉에서 송현의 삶을 '전방위 투사의 끝나지 않은 전쟁'으로 다룸 (2003년
  8월)

7 일본 언론에서 SS이론을 일본에 소개하기 위해 집중 취재 (2005. 3월)

8 영국 교포신문에서 송현 SS이론을 인기리에 연재 (2005년)

9 인터넷 신문 브레이크뉴스에 '송현교수 SS이론' 연재 (2005년)

10 한글기계화박물관 건립 추진 중

11 송현 대표 동시 · 동화집 일본어 번역 · 출간 준비 중 (일본인 사꼬오 선생 번역)

12 영화 〈몽정기〉의 정초신 감독과 성장소설 〈동정제〉를 영화제작 합의 (2009년)

2 정면돌파용 직장인 유서 견본

1 나는 (   )세에 (   ) 직장에서 해고당했다.

2 나의 해고 사유는 (   )이다.

3 나는 새 직장을 구할 때까지 걱정없이 먹고 살 수 있는 형편인가?

4 아내와 가족들이 내가 해고당한 것을 알면 어찌 생각할까?

5 나는 회사에 다니는 동안 다음의 사항들을 어찌 했던가?

   ❶ 출퇴근 시간은 어느 정도 지켰는가?

   ❷ 회사의 종이 한 장 물 한 방울도 아꼈는가?

   ❸ 내가 맡은 일을 내 일처럼 최선을 다해 처리했는가?

   ❹ 월급봉투를 진심으로 감사한 마음으로 받았는가?

6 내가 부양해야 할 가족은 몇 명인가?

7 내가 해고 전까지 하던 일은 무엇인가?

8 내가 회사 사람들의 기억에 좋은 이미지로 남을까? 그 이유는?

9 나의 해고를 가장 애도하는 사람은 누구이며, 그 이유는?

10 내가 회사에 공헌한 바는 무엇인가?

11 내가 하던 일을 다른 사람이 나만큼 잘할 수 있을까?

12 나의 해고로 우리 가족들이 경제적인 이유로 얼마나 비참해질까?

13 갑자기 쌀이 떨어지거나 사고가 났을 때 돈 빌릴 곳이 있는가?

   ❶ 1백만원 빌릴 데가 (   )곳이 있다. 없다.

   ❷ 5백만원 빌릴 데가 (   )곳이 있다. 없다.

   ❸ 1천만원 빌릴 데가 (   )곳이 있다. 없다.

14 내가 기업주라면 나 같은 종업원을 해고시킬까?

3 정면돌파 10계명

1 비 올 때 우산을 쓰지 마라.

비 올 때 우산을 쓰면 머리와 옷은 젖지 않는다. 그러나 비를 알 수 없다. 바보일수록 우산이 다양하고, 비 좀 맞으면 무슨 큰 일이 나는 줄 안다.

2 실수를 통해서 배우고, 실수를 통해서 성장하는 것을 잊지 말라.

실수를 저지를 준비가 되어 있는 자만이 배울 수 있고, 배우는 자만이 성장할 수 있다. 실수하는 가장 확실하고 좋은 방법은 남의 말을 듣지 않는 것이다.

3 장미 가시를 세지 말고 꽃을 보라.

장미의 가시를 세지 말고 꽃을 보아라. 바보들은 가시를 세면서 지옥을 만들어 지옥 속에 살고 지혜로운 사람은 꽃을 보면서 천국을 만들어 천국에 산다.

4 현관에 들어가는데 목숨을 걸어라.

멋진 거실이나 화려한 안방을 구경하고 귀한 대접을 받으려면 우선 현관에 들어가야 한다. 현관에 들어가는 방법을 모르는 자는 일생 동안 문 밖에 서성일 것이다.

5 오늘을 살아라.

오늘을 어제로 살지 말고 오늘을 내일로 살지도 말라. 바보일수록 어제 일로 오늘을 망치고 내일 일로 오늘을 완전히 망치며 산다.

6 처음 만날 때처럼, 다시는 못 볼 것처럼 살아라.

어제는 이미 끝났고, 내일은 아직 오지 않았다. 삶에는 지금 이 순간뿐이다. 그러니 지금 이 순간 매사를 처음 만날 때처럼 하고, 다시 못 볼 것처럼 온몸으로 하라.

7 몇몇 전투에서 이기는 것도 지는 것도 별 것 아니라 생각하라.

바보들은 부분을 따지다가 전체를 놓치는 수가 많다. 삶이라는 전투는 전 생애를 합계해서 평가하는 것이다. 몇몇 전투에서 지더라도 훌훌 털고 일어나라.

8 목이 묶인 개로 살지 말고 자유로운 들고양이로 살아라.

개는 맛있는 음식과 안락한 잠자리를 보장 받지만 평생 자유가 없고, 들고양이는 어떤 보장도 없는 대신 자기 살고 싶은 삶을 만끽하며 산다. 삶에서 가장 소중하고 높은 가치는 자유임을 명심하라.

9 사랑의 달인이 되고 마침내 사랑이 되어라.

사랑하면서 되돌아오기를 바라는 것은 사랑이 아니라 흥정이나 거래이다. 사랑으로 충만한 사람은 항상 사랑을 주고, 사랑을 주는 그 자체를 행복이라 생각하다. 지금 고백하고 지금 사랑하라.

10 세속적 성공에 연연하지 말라.

세속적으로 성공한 것이 반드시 성공한 것은 아니며 실패한 것이 반드시 실패한 것도 아니다. 그대 자신을 꽃 피우는 것이 진정한 성공이며, 그대 자신을 꽃 피우지 못한 것이 진정한 실패이다.

당신에게 남은 찬스가 많지 않다

지은이 | 송현
펴낸이 | 김경태
펴낸곳 | 한국경제신문 한경BP
등록 | 제 2-315(1967. 5. 15)

제1판 1쇄 인쇄 | 2010년 3월 10일
제1판 1쇄 발행 | 2010년 3월 15일

주소 | 서울특별시 중구 중림동 441
홈페이지 | http://www.hankyungbp.com
전자우편 | bp@hankyung.com
기획출판팀 | 3604-553~6
영업마케팅팀 | 3604-595, 555   FAX | 3604-599

ISBN 978-89-475-2746-0   03320
값 13,000원

파본이나 잘못된 책은 바꿔 드립니다.